U0677274

今用古代汉语课本

王有芬 著

国际文化出版公司
·北京·

图书在版编目（CIP）数据

今用古代汉语课本 ／ 王有芬著．－－ 北京 ：国际文化出版
公司，2021.12

ISBN 978-7-5125-1340-2

Ⅰ．①今… Ⅱ．①王… Ⅲ．①古汉语－对外汉语教学－
教材 Ⅳ．① H195.4

中国版本图书馆 CIP 数据核字 (2021) 第 169795 号

今用古代汉语课本

作　者	王有芬	
责任编辑	马燕冰	
出版发行	国际文化出版公司	
经　销	全国新华书店	
印　刷	北京虎彩文化传播有限公司	
开　本	710 毫米 ×1000 毫米	16 开
	14.625 印张	219 千字
版　次	2021 年 12 月第 1 版	
	2021 年 12 月第 1 次印刷	
书　号	ISBN 978-7-5125-1340-2	
定　价	78.00 元	

国际文化出版公司
北京朝阳区东土城路乙 9 号　　邮编：100013
总编室：（010）64271551　　传真：（010）64271578
销售热线：（010）64271187
传真：（010）64271187-800
E-mail：icpc@95777.sina.net

内容简介

　　《今用古代汉语课本》是为外国留学生编写的一本中高级水平的汉语教材，旨在通过对汉语成语和古汉语短文中字词句的解释、说明和翻译，帮助外国学生理解中国古代的词语含义及其思想和文化。虽然本教材最主要的现实目的是帮助外国学生学习中高级阶段的现代汉语，但由于在现代汉语中遗存着较多的古代汉语知识和文化，有的保存着词语原貌，有的作为语素构成新的现代汉语词，其中保存着词语的原始意义及用法，这些都是外国留学生学习现代汉语时需要了解的东西，学习了解了这些东西才能很好地理解、运用现代汉语。因此，通过学习本教材可以为学习较为书面化的中高级现代汉语打下良好的基础。

　　本教材的特点是：内容的选择和编排都从学习者更好地理解掌握现代汉语的角度出发。这体现在教材课文的每个句子下都有对应的现代汉语意思，旨在方便学生快速了解句意，之后把重点放在每一课的"古语今用举例"上。"古语今用举例"是从较为通用的对外汉语综合课教材和阅读教材中选取的，它可以帮助外国学生直接见证学习古代汉语的作用，通过对比学习从而达到提高对现代汉语的理解和运用能力的目的。

　　教材从始至终处处体现"今用"。表现在：为提高学生学习兴趣，在汉字教学的做法上，每课选取课文中出现的在字型结构和意义生成方面比较有趣的汉字来展示其古貌，分析其关联的意义，同时给出组成的现代汉语词语，体现今用；在语言知识的介绍上做到只要能举出保留有古语用法的现代汉语例子，就不再使用含义深奥的古汉语例子；在对练习题的设计上，除了必要的课文理解和重点词语理解记忆和消化外，其他练习都着眼于把课文中学到的知识引入对现代汉语的理解和运用中，形式多样，紧紧围绕"今用"这一核心。

　　本教材的内容近几年在北京第二外国语学院给每一届的三年级本科留学生使用，在此基础上，通过不断总结修改而成。

编者

目 录

第一课 吉凶

吉 凶

课文及今译

鸦鸣于树上①，儿以石击之②。父曰："何以击鸦？"③

乌鸦在树上叫，小孩用石头打它。父亲说："为什么打乌鸦？"

儿曰："人言：'鹊之鸣吉，鸦之鸣凶。'④

小孩说："人们说：'喜鹊的叫声表示吉利，乌鸦的叫声表示不吉利。'

今鸣者鸦也，以故击之。⑤"父曰："人之智高于鸟之智⑥，

如今鸣叫的是乌鸦，因为这个缘故打它。"父亲说："人的智力比鸟的智力高，

人不能知吉凶⑦，鸟何以能知之⑧？"

人不能够知道吉利还是不吉利，鸟怎么能知道吉利还是不吉利呢？"

词语注释

①鸦：鸟，羽毛多为黑色。这里指其中的一种乌鸦。[名词]

鸣：鸟叫。[动词]

于：在。[介词]

鸦鸣于树上：乌鸦在树上叫。

②儿：儿童，小孩儿。[名词]

以：用。[动词]

石：石头。[名词]

击：打。[动词]

之：代词。这里代指乌鸦。

儿以石击之：小孩用石头打它。

③曰：读音yuē，说。[动词]

何：什么。[疑问代词]。

以：因，因为。[介词]

何以：因为什么，为什么。

何以击鸦：为什么打乌鸦？

④人：人们。[名词]

言：说。[动词]

鹊：喜鹊。一种鸟，过去人们认为鹊的声音预示着有好的事情出
现，因此鹊就被称作喜鹊。[名词]

之：的。[助词]

吉：吉利，幸运，吉祥顺利。[形容词]

凶：不幸的。[形容词]

鹊之鸣吉，鸦之鸣凶：喜鹊的叫声表示吉利，乌鸦的叫声表示不吉利。

⑤今：如今，现在。[名词]

者：放在主语后面，引出判断。与后面的"也"呼应。意思是"……
的鸟，是……"[代词]

也：放在句末，在这里表示判断或肯定，相当于"是"。[语气词]

以：因为。[介词]

故：原因，缘故。[名词]

以故：因为（这个）原因。

今鸣者鸦也，以故击之：如今鸣叫的是乌鸦，因为这个缘故打它。

⑥之：的。[助词]

　智：智商，智力。[名词]

　于：表示比较。[介词]

　高于：高过，比……高。

　人之智高于鸟之智：人的智力比鸟的智力高。

⑦人不能知吉凶：人不能够知道吉利还是不吉利。

⑧何以：为什么。

　之：代词，这里代指吉凶。

　鸟何以能知之：鸟怎么能知道吉利还是不吉利呢？

古语今用举例

在本课我们学到了古代汉语中的实词"言"，还会学到表示动作、行为的时间、处所等的介词"于"和表示比较的"于"等，它们的意思和用法还保留在今天的现代汉语中，在同学们使用的汉语课本里就会遇到。例如：

1."言"——说

　　例（1）休闲的价值不言（说）而喻，没有休闲活动，人的自然成长都会出现问题。

　　　　　　　　　　　　　——《发展汉语·高级阅读》Ⅰ，第1页

　　例（2）这些品格，对一个人的一生而言，往往比考试成绩重要得多。

　　　　　　　　　　　　　——《发展汉语·高级阅读》Ⅰ，第66页

　　例（3）黄爷，帮帮忙，给美言两句！

　　　　　　　　　　　　　——《现代汉语高级教程》下，第129页

例（4）学会认输是什么？一个人如果听惯了这些词汇：百折不回，坚定不移，前仆后继，永不言悔……那么，他需要学会认输。

————《现代汉语高级教程》下，第139页

2.“于”——在

例（1）西安灞桥是中国最古老的石柱墩桥，建于2000多年前的汉代。

————《发展汉语·高级阅读》Ⅰ，第41页

例（2）人类只有时时置身于大自然中，才能保持生命的活力。

————《发展汉语·高级阅读》Ⅰ，第54页

3.“于”——比

例（1）我的一生中，得到的多于（比……多）付出的，所以我要回报社会。

————《发展汉语·高级阅读》Ⅰ，第120页

例（2）读书要有自己的见解，从所读的书中获得真正有用的东西，即使是读的不多也有所得，远胜于（远远胜过……/比……强）那种越读越糊涂的读书方法。

————《发展汉语·高级阅读》Ⅰ，第126页

汉字分析

鸟：古文字 ，像长尾巴鸟的形象，后来楷化为“鳥”，简化为“鸟”。

鸣：古文字 ，突出了鸟的嘴，象征鸟在叫，后来泛指自然界发出的一切声响。

鸦：形声字，从牙从鸟，牙声。“牙”的本义是野兽的牙齿，是进攻性的武器，“牙”与“鸟”联合起来表示有进攻性的、侵略性的鸟。通常指那些大型的、有亮黑色羽毛的鸟，如：乌鸦、寒鸦。

鹊：形声字，从昔从鸟，昔亦声。"昔"的意思是"往日的""旧时的"。"昔"与"鸟"合起来表示"旧时的鸟主人"，就是鹊。这个叫法的原因是：有一种叫"鸠"的鸟，又名布谷鸟，它自己不做窝，而去侵占鹊的窝，由此"鸠占鹊巢（鸟窝）"这一成语保留至今，比喻抢占别人的房屋。由于旧的风俗认为鹊的声音预示着有好的事情出现，因此鹊就被称作喜鹊。

乌：古文字，形状和鸟一样，但是没有眼睛，表示全身长满黑色的羽毛，看不出眼睛的鸟的形象。如"乌鸦"。

语言知识

一、古代汉语的判断句

古代汉语的判断句跟现代汉语不同，不用"是"字作判断的标记。常见的是在主语后面用"者"字表示停顿一下，再说出谓语部分，最后用"也"字来收尾。

如在本课，我们学到的句子：

（1）今鸣者鸦也。——现在鸣叫的鸟是乌鸦。

又比如：

（2）师者，所以传道授业解惑也。（韩愈《师说》）

——老师是传授道理和学业、解释疑难的人。

但是古人在表示判断的时候并不一定严格地使用"……者，……也"。这样一个完整的句式，可能只用其中的一个助词，有时候什么都不用。把这样的句子翻译成现代汉语时，要加上表示判断的"是"。

古代汉语判断句的常用格式有以下几种：

（1）……者，……也。

（2）……，……也。

（3）……者，……。

（4）……，……者也。

（5）……，……。

二、介词"于"的意思和用法

介词"于"在不同的语境中用法不同、表示的意思不同，我们在本课学到了介词"于"的两种用法，它们分别是：

（一）介词"于"引出动作发生的处所

在古代汉语中，"于"和名词一起组成的介词结构，一般放在动词的后面，常常引出动作行为发生的地方、时间、对象、范围、原因等词语，相当于"在……地方""到……地方""从……地方"等。翻译成现代汉语时，要把介词结构放在动词前边，这一点要引起注意。如本课学到的：

（1）鸦鸣于树上，儿以石击之。

——乌鸦在树上鸣叫，小孩儿用石头打它。

又比如：

（2）公与之乘，战于长勺。（《曹刿论战》）

——鲁庄公和曹刿同坐一辆战车，在长勺（和齐军）作战。

（3）青取之于蓝。（《荀子·劝学》）

——靛青（这种颜色）从蓼蓝（这种植物）里提取出来的。

（4）假人于越而救溺子。（《韩非子·说林上》）

——从越国借人来救落水的儿子。

（5）失火而取水于海。（《韩非子·说林上》）

——发生火灾了却要从大海里取水来救火。

（二）用"于"的比较句

在古代汉语中，常见的一种比较句是用介词"于"把两个人或两种事物等连接起来，进行比较。如果假设两个人或两种事物分别为A、B，那么基本的句子格式是：A+形容词+于+B。如本课学到的：

（1）人之智高于鸟之智。——人的智力比鸟的智力高。

又比如：

（2）师不必贤于弟子。（韩愈《师说》）

——老师不一定比自己的学生优秀。

（3）冰，水为之，而寒于水。（《荀子·劝学》）

——冰是水凝结而成的，然而却比水更寒冷。

在古代汉语中，有的比较句省略了"于"。如：

（4）是儿少秦武阳二岁。（柳宗元《童区寄传》）

——这个小孩儿比秦武阳小二岁。

这句话等于说：是儿少（于）秦武阳二岁。

练习

一、根据课文的内容回答问题。

1.小孩儿为什么要用石头打乌鸦？

2.父亲听了小孩儿的解释后说什么？

二、解释下列句子中加点词语的意思，并把句子翻译成现代汉语。

1.鸦鸣于树上，儿以石击之。

2.何以击鸦？

3.鹊之鸣吉，鸦之鸣凶。

4.今鸣者鸦也。

5.以故击之。

6.人之智高于鸟之智。

三、解释下列句子中加点词语的意思。

1.海水冲击着海岸。

2.大家应该言行一致。

3."几年不见发财了吧！""借您吉言，过得还行！"

4.以前的小渔村，而今成了大都市。

5.孩子回到家，妈妈过去抱抱孩子，以表示关心和爱护。

6.为何离开原来工作的地方？

四、解释下列成语中加点词及整个成语的意思。

1.言外之意　　　　言：

2.喜形于色　　　　于：

3.以假乱真　　　　以：

4.鼓乐齐鸣　　　　鸣：

5.击中要害　　　　击：

6.吉祥如意　　　　吉：

五、把下列成语与相应的意思用直线连起来，注意观察"于""言""以"在成语中的位置。

1.乐于助人　　　　　　A.说话有信用。

2.急于求成　　　　　　B.说的话和做的事完全一致。

3.言而有信　　　　　　C.用应该有的礼节来接待。

4.言行一致　　　　　　D.用后退的姿态作为进取的手段。

5.以退为进　　　　　　E.很着急取得成功。

6.以礼相待　　　　　　F.很高兴地帮助别人。

六、请把表示比较的"于"放在下列句子中合适的位置上。

1.名＿＿＿重＿＿＿利。

　意思是：名誉比利益重要。

2.祖国＿＿＿利益＿＿＿高＿＿＿一切。

　意思是：国家的利益比任何其他的东西都重要。

3.各科＿＿＿考试＿＿＿成绩＿＿＿不低＿＿＿80分。

　意思是：每一科的考试成绩都不低于80分。

4.蜀道＿＿＿难，难＿＿＿上＿＿＿青天。

　意思是：蜀国的道路非常难走，比到天上去还要难。

5.身教＿＿＿重＿＿＿言教。

　意思是：用实际行动来影响别人比用语言传授、讲解更重要。

6.事实＿＿＿胜＿＿＿雄辩。

　意思是：事情的真实情况比强有力的辩论更有说服力。

阅读

好学不厌，好教不倦

子贡问孔子曰："后世将何以称夫子？"孔子曰："吾何足以称哉！——勿已者，则好学而不厌，好教而不倦，其惟此邪！"

——《吕氏春秋·尊师》

1.后世：后代，后来人。

2.何以："以何"的倒装，用什么。

3.称：称赞。

4.夫子：对学者或老师的尊称。

5.吾：我。

6.何足：哪里值得，哪里配得上。

7.哉：语气词，表示反问。

8.勿：否定词，不要。

9.已：停止。

10.则：就是。

11.好：读hào，喜欢。

12.厌：满足。

13.倦：疲倦。

14.其：句中语气词，表示推测。

15.惟：同"唯"，只，只有。

16.邪：读yé，语气词。

第 二 课
守 株 待 兔

守 株 待 兔 ①

课文及今译

宋人有耕者②，田中有株③，兔走触株④，

宋国有一个农夫，田里有一个树桩子。有一只兔子跑出来撞到了树桩子上，

折颈而死⑤。因释其耒而守株⑥，

折断了脖子后就死了。农夫于是放下他的农具然后守着这个树桩子，

冀复得兔⑦。兔不可复得⑧，而身为宋国笑⑨。

希望再次得到兔子。兔子不可能再次得到，但他自己却被宋国的人嘲笑。

今欲以先王之政⑩，治当世之民⑪，

现在的统治者想用以前君王的政策，来治理当代的百姓，

皆守株之类也⑫。

就跟那个守株待兔的农民一样。

《韩非子·五蠹（dú）》

词语注释

①守：看（kān）守，守候。[动词]

　株：露在地面的树根，树桩子。[名词]

　待：等待。[动词]

　兔：兔子。[名词]

　守株待兔：看守着树桩子，等待兔子再次出现。

②宋：国名，即宋国。中国古代有许多诸侯国，宋国是其中之一。

　耕：耕地，种地。[动词]

　者：这里代指"人"。[代词]

　有……者：有……的人。固定句式。

　宋人有耕者：宋国有一个农夫。

③田：田地。[名词]

　田中有株：田里有一个树桩子。

④走：跑。[动词]

　触：撞。[动词]

　兔走触株：有一只兔子跑出来撞到了树桩子上。

⑤折：断，折断。[动词]。

　颈：脖子。[名词]

　而：就，在两个动词之间，表示这两个动作相承接。

　折颈而死：折断了脖子后就死了。

⑥因：于是，就。[副词]

　释：放下，放弃。[动词]

　其：他的。[代词]

　耒（lěi）：古代的一种农具。[名词]

　而：就，在两个动词之间，表示这两个动作先后接续。

因释其耒而守株：农夫于是放下他的农具然后守着这个树桩子。

⑦冀（jì）：希望。[动词]

复：再一次。[副词]

得：得到。[动词]

冀复得兔：希望再次得到兔子。

⑧可：可能。

兔不可复得：兔子不可能再次得到。

⑨而：表示转折，却，但是，可是。[连词]

身：自身，自己。[代词]

为（wéi）：表示被动，被。[介词]

宋国：这里用宋国代指宋国人。

笑：嘲笑。[动词]

而身为宋国笑：但他自己却被宋国的人嘲笑。

⑩今：现在。[名词]

欲：想，想要。[动词]

以：用。[介词]

先王：以前的君王。

之：的。[助词]

政：政策、法令。

今欲以先王之政：现在的统治者想用以前君王的政策。

⑪治：治理，管理。[动词]

当世：当代。

民：人民，老百姓。[名词]

治当世之民：来治理当代的老百姓。

⑫皆（jiē）：都。[副词]

之类：……的类别，可译为"……一类的事情"。

也：放在句末，表示判断语气，相当于现代汉语的"是"字句。

[语气词]

皆守株之类也：就跟那个守株待兔的农民一样。

古语今用举例

我们在本课除了学习"守株待兔"这个成语，还学到了古代汉语中的词语"者""以"和连接句子之间先后顺序或转折关系的连词"而"，表示被动的"为"等。这些词语的意思和用法还保留在今天使用的现代汉语中。

1."者"——……的人

例（1）现在有很多年轻的求职者（求职的人），自以为外貌和口才都好，在主考官面前对答如流，便可以使对方得到良好的印象。

——《发展汉语·高级阅读》Ⅰ，第14页

2."以"——用

例（1）对于中国电影，大学生始终是一个特别的观众群。他们以自己独特的眼光关注电影，以自己激情和理性的思考关心国产电影的发展。

——《发展汉语·高级阅读》Ⅰ，第15页

3."而"——就、但是

例（1）他是阔大爷，但绝不因为我是一个穷孩子而（就）冷淡我。

——《发展汉语·高级阅读》Ⅰ，第19页

例（2）文学作品的"热"，通常能保持两三年就算不错；而（但是）金庸则不同，可以说他的"热度"保持了几十年。

——《发展汉语·高级阅读》Ⅰ，第37页

4."为"——被

例（1）世上的园林无非分为规正式和风景式两类，前者讲究对称，花草树木都修剪为几何图形，表现出一种为（被）人所控制的自然、理性的自然。

——《发展汉语·高级阅读》I，第54页

例（2）那年月，谁把"我""我家""我父母"抬出来，必为（被）同学侧目。

——《现代汉语高级教程》下，第77页

汉字分析

守：古文字𡉣，字的上面表示与房屋有关，下面部分的"寸"表示与手有关。整个字的意思是守护、保卫。在本课的意思是蹲守，等待。

株：由"木"和"朱"组成。"木"表示树，"朱"的古文字是，表示树根向四处伸展的样子。"木"和"朱"合起来表示成年的树木。所以"株"的本义是长大成材的树木。特别指露出地面的树干、树根、树桩。在本课中表示树桩。

走：古文字，上面部分表示人在挥舞双臂迈大步，下面部分表示人在跑动，上下合起来的意思是挥摆双臂，奋力狂跑。这是"走"的本义，也就是奔跑的意思。

语言知识

一、古代汉语以单音节词为主

我们学习的本课课文看起来很短，一共只有57个字，可是把课文翻译成现代汉语的话，至少需要87个字，为什么会这样呢？因为在古代汉语中，单音节词占大多数，这是古代汉语的一个特点。现在，我们常常用一个双音节词语去解释一个古代汉语词的意思，这说明古代汉语一步一步发展到今天双音化了。

一般来说，古代汉语从三个方面来双音化：

1.两个意义相近的词作为语素，构成一个双音节词。如我们在本课学到的"耕"，现代汉语双音节词是"耕地"或"耕田"。

这种情况中，还有的古代汉语单音词不能单独使用了，只能作为语素留存在双音节词语里。如我们在本课学到的"冀"，只能作为语素留存在现代汉语的"希冀""冀盼"这样的双音节词语里。

2.被完全不同的双音节词语替换。例如在本课学到的：

"因"被完全不同的"于是"替换。

"释"被完全不同的"放下"替换。

同样，有的保留在成语中，例如"手不释卷""爱不释手"等。

3.加上词头或词尾。例如在本课中学到的：

"兔"在现代汉语中加上了词尾"子"，成为双音节词"兔子"。

"颈"在现代汉语中加上了词尾"子"，成为双音节词"颈子"。

另外，如"虎"，在现代汉语中加上了词头"老"，成为双音节词"老虎"。

还有，如"石"，在现代汉语中加上了词尾"头"，成为双音节词"石头"。

二、"者"的意思和用法

古代汉语中的"者"出现在动词、形容词或词组后面，常常指代人、事物、时间、地点等。相当于"的"或"的人""的东西""的事情"。如本课出现的"宋人有耕者"中，"者"出现在动词"耕"的后面表示耕田的人，即农夫。现代汉语的一些词语还保留了这一用法，如"记者"就是动词"记"（把事件写下来的意思）后面加上"者"，表示做新闻采访工作的人。像这样用法的词语还有读者、作者、来者、患者、编者、老者、爱国者、第三者等。

三、连词"而"的用法（一）

"而"在古代汉语中是很常用的一个连词，主要起连接的作用，常常连接两个动词性的词或词组或句子。它所连接两部分的语义关系有多种，我们在本课学到了两种：

第一，连接时间或事理上有先后次序的两部分：

在本课中，句子"兔走触株，折颈而死"和"因释其耒而守株"中的"而"连接的都是先后发生的两件事情，可以翻译为"然后"或"然后就"。"折颈而死"意思是"折断了颈子，然后就死了"。"因释其耒而守株"意思是"于是放下他的耒，然后就守着树桩"。

这种用法还保留在一些成语中，如：

（1）望而却步——远远望见了就吓得直后退，不敢前行。

（2）乐而忘返——非常高兴，然后竟忘记回家了。

第二，连接有转折关系的两部分：

在本课中，句子"兔不可复得，而身为宋国笑"中的"而"连接了语义上有转折关系的两个句子，意思相当于"可是""但是""却"等。这句话的意思是"兔子不可能再次得到，但农夫却被宋国的人嘲笑"。

又比如：

人不知而不愠，不亦君子乎？

——别人不了解自己，但也不生气，不也是道德高尚的人

吗？（《论语·学而》）

同样，这样的用法也保留在一些成语中，如：

（1）不劳而获——不劳动，却获得（成果）。完整的意思是：

自己不劳动，却占用别人的劳动成果。

（2）不约而同——事先没有约定，却相互一致。

四、介词"为（wéi）"的意思和用法（一）

在本课我们学到了用"为"来表示的被动句：

（1）兔不复得，而身为宋国笑。

其中的"为"相当于现代汉语的"被"，表示被动的意思。

又比如：

（2）今不速往，恐为操所先。（司马光《赤壁之战》）

这样的用法至今仍保留在一些书面语中，如：

（3）不为大家所理解。

（4）为大家所喜闻乐见。

（5）风一吹，脚印很快就为沙子所覆盖。

在古代汉语中，常常用来表示被动意义的词还有"见""于""被"等，有的时候，句中没有表示被动意义的形式标识——词，而只是意义上有被动的意思，需要通过上下文来理解，这些在我们今后的学习中将会遇到。

练习

一、根据课文的内容回答问题。

1.那只兔子是怎么死的？

2.农夫捡到兔子后有什么打算？

3.农夫的愿望实现了吗？为什么？

4.那时候，治理国家的人在什么方面的想法跟农夫的一样？

二、解释下列句子中加点词语的意思，并把句子翻译成现代汉语。

　　1.兔走触株，折颈而死。

　　2.因释其耒而守株，冀复得兔。

　　3.兔不可复得，而身为宋国笑。

　　4.今欲以先王之政，治当世之民，皆守株之类也。

三、解释下列句子中加点词语的意思。

　　1.这本书的作者希望广大读者对他的书提出批评和意见。

　　2.由于工作关系，我和他接触较多。

　　3.宝宝睡觉的时候，妈妈一直守在孩子身旁。

　　4.十二点下课，可是老师还没讲完，让饥饿的我们欲哭无泪。

5.你要相信自己的能力，不要说害怕、紧张之类的话。

四、解释下列成语中加点词及整个成语的意思。

1.奔走相告　　　　走：

2.一触即发　　　　触：

3.失而复得　　　　复：

4.爱不释手　　　　释：

5.皆大欢喜　　　　皆：

五、把下列成语与相应的意思连起来，注意观察"而"在成语中的位置。

1.不欢而散　　　　　　A.看见了，但是当作没看见。

2.视而不见　　　　　　B.一拍桌子，站起来。

3.华而不实　　　　　　C.很不愉快地分手。

4.拍案而起　　　　　　D.只开花，但不结果。

六、用现代汉语的"被"来改写下列句子。

1.我为歌手动听的歌声所打动。

2.为生活所迫，他不得不在课余时间去打工。

3.健康的生活方式，越来越为人们所重视。

4.现在的人，多为手机所控制。

阅读

蜀之鄙有二僧

蜀之[1]鄙有二僧：其一贫，其一富。贫者语于富者曰："吾欲之[2]南海，何如？"富者曰："子何恃而往？"曰："吾一瓶一钵足矣。"富者曰："吾数年来欲买舟而下，犹未能也。子何恃而往！"越明年，贫者自南海还，以告富者，富者有惭色。

——《白鹤堂文集》

1.之[1]：的。

2.其：代词，代二僧。

3.欲：想，想干。

4.者：……的人。贫者：穷的人，这里指穷和尚。

5.语：说；告诉。

6.于：介词，对……；向……。

7.吾：我。

8.之²：去。

9.何如：怎么样？

10.子：你。

11.何侍：凭什么？依靠什么？

12.往：去；到……去。

13.足：够。

14.矣：语气词，相当于"了"。

15.数年：几年。

16.而：连词，表示行动的方式。

17.下：动词，顺着水流方向去。顺长江去南海（从上游到下游）。

18.犹：副词，还。

19.未：没。

20.越：过，超过。

21.明年：次年，下一年

22.自：从。

23.以：把（这件事）。

24.惭色：惭愧的表情。

第 三 课
滥 竽 充 数

滥竽充数 ①

课文及今译

齐宣王使人吹竽，必 三 百 人②。南郭处士 请
齐宣王让人给他吹竽，一定要三百个人一起吹。一个姓南郭的处士请求

为王吹竽③，宣王 说 之④，廪 食 以 数 百 人⑤。
为宣王吹竽，宣王很高兴这件事，按照其他几百人吹竽的待遇给他粮食。

宣王死，湣王立⑥，好 — — 听之，处士 逃⑦。
宣王死了，齐湣王继位，喜欢乐手一个一个地吹给他听，这个处士就逃走了。

《韩非子·内储说上》

词语注释

①滥：读音làn，失实的，假的。[形容词]
　竽：读音yú，中国古代的一种乐器，用竹管刮制而成。
　充：假冒，冒充。[动词]

数：数量。[名词]

充数：以次充好，勉强凑数。

滥竽充数：不会吹竽的人混在吹竽的队伍中凑数。比喻无本领的人
冒充有本领的人，次等货冒充上等货。

②齐：这里指中国战国时期的齐国。

宣王：齐国的国君。

使：让，叫。[动词]

必：一定。

齐宣王使人吹竽，必三百人：齐宣王让人给他吹竽，一定要三百个
人一起吹。

③南郭：中国人的姓，这是一个两个字的姓，叫"复姓"。[名词]

处士：未做官的读书人。[名词]

请：请求。[动词]

为：给……替……[介词]

南郭处士请为王吹竽：一个姓南郭的处士请求为宣王吹竽。

④说：读音yuè，跟"悦"相通，高兴的意思。[形容词]

之：代词，指南郭请求给齐宣王吹竽的事。

宣王说之：宣王很高兴这件事。

⑤廪：读音lǐn，官方提供（这里指齐宣王）。[动词]

廪食：齐宣王提供给（他）粮食（作为吹竽的报酬）。

以：按照。[介词]

数：几，表示不确定的数目。[名词]

数百人：几百人。

廪食以数百人：按照其他几百人吹竽的待遇给他粮食。

⑥湣（mǐn）王：齐宣王的儿子。

立：登上君主的位置。[动词]

宣王死，湣王立：宣王死了，齐湣王继位。

⑦好：读音hào，喜欢的意思。[动词]

一一：一个一个地。

逃：逃走。

好一一听之，处士逃：喜欢乐手一个一个地吹给他听，这个处士就逃走了。

古语今用举例

我们这一课学到了成语"滥竽充数"，还学到了古代汉语极其常用的词"之"的代词用法、"以"的介词用法等，它们的这个意思和用法一直保留至今。

1.代词"之"

例（1）阳春面原指一种不加任何配菜的汤面。虽然不加配菜，但在面汤的制作上却很讲究。有的用纯鸡汤，有的用小鱼油炸后加葱姜等各种调味料制成鲜汤，有的用肉骨汤，总之（代指阳春面的各种汤），阳春面的汤是最有营养、最美味的……

——《发展汉语·高级阅读》Ⅰ，第6页

例（2）先生对西医绝无门户之（的）见，视之（代指西医）为友人。

——《现代汉语高级教程》下，第50页

例（3）让他的家人急购吉林野山参一两五钱，微火炖煮之（代指野山参），一小时之后让病人频频服用，次数愈多愈好。

——《现代汉语高级教程》下，第50页

例（4）比如，有阔别10年的老同学聚首，司空递给同学一支烟，自然而然地抽出一支烟习在自己嘴上，爱人在对面狠狠地剜了他一眼，他一笑置之（代指戒烟这件事）。

———《现代汉语高级教程》下，第74页

2."以"——按照……来、用……来

例（1）中老年人步行时，应由少到多，由慢到快。快步走时心率以不超过每分钟100—110次为宜。

———《发展汉语·高级阅读》I，第5页

例（2）仅以这个"人满为患"为例，就常常被用错。

———《发展汉语·高级阅读》I，第12页

汉字分析

竽：古文字𥮚，它是由"于"加"竹"造出的字，"于"的本义是曲折，指走路时要绕着走，也用来指乐音婉转起伏的竹笛，后来"竹笛"的本义消失了，用"竹"加"于"，造出"竽"，强调"竽"是竹子做的。"竽"这种乐器，一开始是用36根竹管制作的，后减少到23根，是中国战国时期到汉代流行的乐器。

吹：古文字𣣓，它是𣣓（欠）+ㅂ（口）合成的，"欠"的字形是一个人张大嘴打哈欠的形象，本义是"打哈欠"。古文"吹"字在张着大嘴"欠"上加一个"口"，强调气从口出。因此表示吹奏乐器。

廪：古文字𪋿，表示在田间临时搭建的土墙草顶的房子，为收藏粮食用。上面的部分𠆢，表示用茅草遮挡的屋顶，下面的部分回，表示田间围建的土墙。后来篆文廩，增加了广"广"（四周无墙的大屋子）、禾"禾"（谷物），合起来强调建筑的简易性和宽大的储粮用途。

语言知识

一、"之"的代词用法

古代汉语中的"之"有丰富的用法，它可以用作代词、助词、动词等。在本课，我们学习"之"的代词用法，相当于现代汉语的"他""她""它"或"他们"，如本课中的句子：

（1）南郭处士请为王吹竽，宣王说之。

——南郭先生请求为宣王吹竽，宣王很高兴这件事。

此句中的"之"代替上文说的事情（它），即南郭先生请求为宣王吹竽。

（2）宣王死，泯王立，好一一听之。

——宣王死了以后，泯王当上国君，他喜欢听（乐手）一个一个地吹。

此句中的"之"代替本文讨论的"吹竽"这件事（它）。

又比如我们在第一课里学到的：

（3）鸦鸣于树上，儿以石击之。

——乌鸦在树上叫，小孩儿用石头打它（乌鸦）。

（4）今鸣者鸦也，以故击之。

——如今鸣叫的是乌鸦，因为这个缘故打它。

（5）人不能知吉凶，鸟何以能知之？

——人不能够知道吉利还是不吉利，鸟怎么能知道吉利还是不吉利呢？

二、"以"的用法（一）

"以"在古代汉语中是一个意义十分丰富的词，在不同的语言环境中，含义各不同。我们在本课学到了"以"作介词，它和后面的名词组成一个介词结构，作状语，常常放在动词谓语的后面，翻译成现代汉语时应提到前面。

我们在本课学到的介词"以"的用法是介绍出动作使用的依据，一般可以翻译为"按照""把""用……来"等。如本课中的句子：

（1）宣王说之，廪食以数百人。

——宣王很高兴这件事，（于是）按照其他吹竽的几百人的待遇给他粮食。

又如：

（2）谨庠序之教，申之以孝悌之义。（《孟子·寡人之于国也》

——认真地兴办学校教育，把孝悌（孝敬长辈尊敬兄长）的道理反复讲给百姓听。

这种用法还保留在现代汉语中，如：

（3）动之以情，晓之以理。

——用感情来打动人心，用道理来使人明白。

练习

一、根据课文的内容回答问题。

1.齐宣王喜欢乐手怎么吹给他听？

2.齐湣王喜欢乐手怎么吹给他听？

3.南郭处士为什么逃走了？

二、解释下列句子中加点词语的意思，并把句子翻译成现代汉语。

1.齐宣王使人吹竽。

2.南郭处士请为王吹竽。

3.宣王说之。

4.廪食以数百人。

5.湣王立。

6.好一一听之。

三、解释下列句子中加点词语的意思。

1.这个人喜欢喝酒，逢酒必喝，一喝就醉。

2.他的报告都是些陈词滥调，没人愿意听。

3.那个人冒充警察骗取了这个女孩的信任，结果女孩被他杀害了。

4.警察经过近两年的调查，最终把杀人犯绳之以法。

5.他的爱好很广泛。

四、解释下列成语中加点词的意思。

1.以次充好　　　　　　以：

2.言必信，行必果　　　必：

3.敏而好学　　　　　　好：

4.畏罪潜逃　　　　　　逃：

5.立国之本　　　　　　立：　　　　　之：

五、指出下列句子中"之"代表的意思。

1.对于别人的讽刺和嘲笑，他总是嗤之以鼻。（嗤之以鼻：从鼻子里发出冷笑的声音。）

2.学习要持之以恒，三天打鱼两天晒网的习惯是不会成功的。（持之以恒：长久地坚持下去。）

3.对这伙拦路抢劫的歹徒，必须<u>绳之以法</u>。（绳之以法：用法律来制裁或处置。）

4.他说要把这本书送给我，这是我<u>求之不得</u>的事。（求之不得：想找都找不到的。）

阅读

画蛇添足

楚有祠者，赐其舍人卮酒，舍人相谓曰："数人饮之¹不足¹，一人饮之有余。请画地为¹蛇，先成者饮酒。"

一人蛇先成，引酒且饮之，乃左手持卮，右手画蛇，曰："吾能为²之²足²。"未成，一人之³蛇成，夺其卮曰："蛇固无足，子安能为之足？"遂饮其酒。为蛇足者，终亡其酒。

——《战国策·齐策》

1.其：代词，代前一个句子里的"祠者"。

2.舍人：门客、办事的人。

3.卮：读zhī，酒具。

4.谓：互相商量。

5.数：多，几。

6.饮：喝。

7.之¹：代词，代那壶酒。

8.足¹：足够，充足。

9.余：剩下，剩余。

10.请：请求允许。

11.画地：在地上画。

12.为¹：做。这里是动词"画"。

13.成：完成。

14.引：拿起。

15.且：副词，将要。

16.乃：副词，却。

17.持：拿着。

18.为²：给。

19.之²：代词，代画的蛇。

20.足²：脚，这里是"添足"或"画足"的意思，名词用作动词。

21.之³：助词，相当于"的"。

22.夺：抢，强取。

23.固：本来。

24.安能：怎么能。

25.遂：于是。

26.其：代词，代给蛇画脚的人。

27.终：最后。

28.亡：失去。

第四课
国之器用

国之器用①

课文及今译

口 能 言 之，身 能 行 之，国 宝 也②。

嘴上能讲，自己又能付诸行动，这样的人是国家的宝贝。

口不能言，身 能 行 之，国 器 也③。口能言之，

嘴上不能讲，自己却能付诸行动，这样的人是国家的管理人才。嘴上能讲，

身 不 能 行，国 用 也④。口 言 善，

但自己不能付诸行动，这样的人国家可以任用。嘴上说好的，

身 行 恶，国 妖 也⑤。治国者 敬其宝⑥，

而行动上却干坏事，这种人是国家的祸害。治理国家的人要敬重国宝，

爱 其 器⑦，任 其 用⑧，除 其 妖⑨。

爱惜国家的管理人才，任用那些能用的人，铲除那些祸害。

《荀子·大略》

043

词语注释

①国：国家。[名词]

　之：的。[助词]

　器：本义是"器皿"，表示有用的容具，也用来比喻人的才能，这
　　　个比喻义在本文中指国家的管理人才。[名词]

　用：用处，作用。这里指对国家有用（处）的人才。[名词]

　国之器用：国家的管理人才和对国家有用（处）的人才。

②口：嘴。[名词]

　言：说，表达。[动词]

　之：这里指代说的内容。[代词]

　身：自身，自己。[代词]

　行：行动。[动词]

　之：这里指代付诸行动的事。[代词]

　宝：宝物。

　国宝：国家的宝物，指对国家有特殊贡献的人。

　口能言之，身能行之，国宝也：嘴上能讲，自己又能付诸行动，这
　　　　　　　　　　　　　　　　样的人是国家的宝贝。

③口不能言，身能行之，国器也：嘴上不能讲，自己却能付诸行动，这样的
　　　　　　　　　　　　　　　人是国家的管理人才。

④用：任用。[动词]

　口能言之，身不能行，国用也：嘴上能讲，但自己不能付诸行动，
　　　　　　　　　　　　　　　这样的人国家可以任用。

⑤善：好。[形容词]

　恶：坏。[形容词]

　妖：妖孽（niè），祸害，比喻损害国家和老百姓利益的人。[名词]

　口言善，身行恶，国妖也：嘴上说好的，而行动上却干坏事，这种
　　　　　　　　　　　　　人是国家的祸害。

⑥治：治理。[动词]

　　敬：敬重，尊敬。[动词]

　　其：它的，这里指国家的。[代词]

　　者：相当于"……的人"。[代词]

　　治国者敬其宝：治理国家的人要敬重国宝。

⑦爱：爱惜，爱护。[动词]

　　爱其器：爱惜国家的管理人才。

⑧任：任用。

　　用：用处、作用。[名词]

　　任其用：任用那些能用的人。

⑨除：铲除，去除。[动词]

　　除其妖：铲除那些祸害。

古语今用举例

　　我们在这课学到了古代汉语"之"的另一个用法，即助词用法，它的意思相当于现代汉语"的"，这个用法在现代汉语中非常容易见到。我们还学到了古代汉语另一个常用代词"其"，在现代汉语中也常常遇到。

　　1.助词"之"——的

　　　　例（1）研究表明，"每天一万步"是近年日本人平均寿命延长的因素之一。在一些西方国家，步行锻炼也有方兴未艾之势。

　　　　　　　　　　　　——《发展汉语·高级阅读》Ⅰ，第4—5页

　　　　例（2）有一天，刘大叔来了。他是个极富的人，尽管他心中并无贫富之别，可是他的财富使他终日不得闲，几乎没有工夫来看穷朋友。

　　　　　　　　　　　　——《发展汉语·高级阅读》Ⅰ，第19页

2.代词"其"

例（1）兰州拉面是兰州最有代表性的一种小吃，但其（代"拉面"）早已走出兰州。

——《发展汉语·高级阅读》Ⅰ，第6页

例（2）丁聪还说："我没有什么健康之道，一切都顺其（代"健康"）自然。我从来不做体育运动，不像那些健康专家那样吃素菜和水果，我是没有荤菜过不了日子。"

——《发展汉语·高级阅读》Ⅰ，第30页

汉字分析

行：甲骨文ㄓ，篆书㣔，像四通八达的十字路口，读音háng。另外，"行"还表示在路上行走的意思，但读音是xíng。本文中的"行"就读作xíng，但用的是由"行走"引申出的意思"做""行动"。

宝：甲骨文𤣪，上面的∧表示房屋，中间的🐚表示贝，下面的亚表示串起来的玉，"贝"和"玉"在古代都表示财富，所以整个字合起来表示珍藏在家里的财富。后来篆书为𤣥，中间的右边部分缶表示缶（fǒu），就是瓦罐，表示把贝、玉这样的贵重的东西藏在家里的瓦罐里。后来这个字简化成"宝"只剩下"家"和"玉"了。

身：古文字𦙶，像一个侧面站立的人，腹部很大，里面有一个胎儿，表示怀孕。后来简化成"身"，所以至今"怀孕"仍可以说"有身孕"。后来专门指人的身体，又常常用作"自己"。

语言知识

一、"之"的结构助词用法

本课题目"国之器用"中的"之"是助词用法，它的意思相当于现代汉语的"的"，是定语的标志。

比如我们在第一课里学到的：

（1）鹊之鸣吉，鸦之鸣凶。

　　——喜鹊的叫声预示着吉祥，乌鸦的叫声预示着不吉祥。

（2）人之智高于鸟之智。

　　——人的智力比鸟的智力高。

又比如：

（3）水陆草木之花，可爱者甚蕃。（周敦颐《爱莲说》）

　　——水中和陆地上的花草树木，值得喜欢的很多。

这样的用法还保留在一些成语中，例如：

君子之交——君子（品德高尚的人）之间的交情，平淡如水。

井底之蛙——井底下的青蛙，比喻见识少、心胸狭窄的人。

无价之宝——没有价格的宝贝，形容极其珍贵。

不速之客——没有邀请突然来的客人。

惊弓之鸟——被弓箭吓坏了的鸟。

二、"其"的代词用法

"其"是一个代词，代指前面已经提到过的人或物的所属，相当于现代汉语的"他的""她的""它的""他们的""他们""她们""它们"。如我们在本课学到的：

（1）治国者敬其宝，爱其器，任其用，除其妖。

　　——治理国家的人要敬重国家的宝贝，爱惜国家的管理人

　　　才，任用国家的有用人才，铲除国家的祸害。

这句话中的"其"，是指前面已经提到的"国家的"。

又比如我们在第二课学到的例子：

（2）因释其耒而守株。

　　——于是放下他的农具，（不工作了，）就守着树桩。

这句话中的"其"，是指前面提到的"耕者（农夫）的"。

练习

一、根据课文的内容回答问题。

　　1.嘴上能讲，自己又能付诸行动的人是什么样的人？

　　2.嘴上不能讲，自己却能付诸行动的人是什么样的人？

　　3.嘴上能讲，但自己不能付诸行动的人是什么样的人？

　　4.嘴上说好听的，而行动上却干坏事，这是什么样的人？

二、翻译下列句子，并指出加点词语的意思。

　　1.口能言之，身能行之，国宝也。

　　2.口不能言，身能行之，国器也。

　　3.口能言之，身不能行，国用也。

4.口言善，身行恶，国妖也。

5.治国者敬其宝，爱其器，任其用，除其妖。

三、解释下列成语中加点词的意思。

　　1.大器晚成　　　　　　器：

　　2.言之有理　　　　　　言：

　　3.言传身教　　　　　　身：

　　4.一意孤行　　　　　　行：

　　5.妖言惑众　　　　　　妖：

四、根据下面句子的意思，把"之"字放在合适的位置上。

　　1.井底下的青蛙。　　　　　　井____底____蛙____

　　2.不能分开的缘分。　　　　　　不____解____缘____

　　3.尊敬，但又不愿意接近某人。　敬____而____远____

　　4.办事情过于急躁。　　　　　　操____过____急____

五、请指出下列句子中"其"代指的意思。

1.福布斯2019中国慈善榜显示，北京大学成为获得捐助最多的高校，清华大学仅有其一半。

2.芳官（人名）一句话，暴露出其曾有不凡的身世。

3.58岁大爷舍身救助陷入水坑的儿童，反被其家属要求道歉赔偿。

六、用现代汉语的"是"来翻译下列句子。

1.陈胜者，阳城人也。（《史记·陈涉世家》）

2.鱼，我所欲也。（《孟子·告子上》）

3.秦，虎狼之国，不可信。（《史记·屈原贾生列传》）

4.刘备天下枭雄。（《资治通鉴·赤壁之战》）

阅读

司马光砸缸

司马光生七岁，凛然如成人。闻讲《左氏春秋》，爱之，退为家人讲，即了其大指。自是手不释书，至不知饥渴寒暑。群儿戏于庭，一儿登瓮，足跌没水中，众皆弃去。光持石击瓮破之，水迸，儿得活。

——《宋史》

1.生：生长。

2.然：……的样子。

3.闻：听。

4.退：向后，这里是"回"的意思。

5.为：给。

6.了：读liǎo，明白。

7."指"：同"旨"，"大指"：主要意思。

8.是：代词，相当于"这"。

9.释：放下，放开。

10.至：达到……的程度。

11.没：读mò，淹没。

12.弃：丢下，放弃。

13.去：离开。

14.破之：意思是"使之破"，也就是把大缸打破。

15.儿：孩子。

第五课
上善若水

上善若水

课文及今译

上 善 若 水①。水善利万物而 不 争②，

人最好的德行就像水一样。水善于滋养万物但是不与它们相争，

处 众人之所恶③，故 几 于 道④。

停留在大家都不喜欢的地方，所以最接近自然变化的规律。

居 善 地⑤，心 善 渊⑥，

上善的人选择居住地善于适应地势，心思善于保持深水一样的沉静，

与 善 仁⑦，言 善 信⑧，正 善 治⑨，

跟人交往亲善友爱，说话有信用，执政时善于治理国家，

事 善 能⑩，动 善 时⑪。夫唯不争，

处理事情时善于发挥自己的才能，行动时善于把握时机。只因为不争抢，

故 无 尤⑫。

所以没有过失。

《老子·道德经》

词语注释

①上：最高的；最好的。[形容词]

善：好。这里是形容词用作名词，意思是"好的德行"（好的品德和行为）。[形容词]

若：像，像……一样。[动词]

上善若水：人最好的德行就像水一样。

②善：善于。[动词]

利：好处。这里名词用作动词，意思是"对……有好处""便利"，这里相当于"滋养"。[名词]

万：本义是十个一千，这里比喻很多。[数词]

物：物体。[名词]

万物：比喻地球上存在的所有物体。

而：但是。[连词]

争：竞争；争抢；争夺。[动词]

水善利万物而不争：水善于滋养万物但是不与它们相争。

③处：停留。[动词]

众：许多。[形容词]

众人：许多人，这里是"大家"的意思。

之：的。[助词]

所：放在动词前面，组成名词性词组，这里表示"……的地方"。[代词]

恶：读音wù，讨厌；不喜欢。[动词]

处众人之所恶：停留在大家都不喜欢的地方。

④故：所以。[连词]

几：读音jī，几乎；接近；差不多。[动词]

于：引出动作的对象。[介词]

道：指自然变化的法则、事物的规律等。这里指顺应自然的意思，名词用作动词。[名词]

故几于道：所以最接近自然变化的规律。

⑤居：居住的地方。[名词]

　居：善于。[动词]

　地：地方、地势。这里指适应地势，也是名词用作动词。[名词]

　居善地：上善的人选择居住地善于适应地势。

⑥心：心胸，心思。[名词]

　渊：深水。这里指保持深水一样的沉静，也是名词用作动词。[名词]

　心善渊：心思善于保持深水一样的沉静。

⑦与：结交（朋友）。[动词]

　仁：对人亲善，友爱。[形容词]

　与善仁：跟人交往亲善友爱。

⑧言：说话。[动词]

　信：讲信用，真诚。[形容词]

　言善信：说话有信用。

⑨正：同"政"，政事，国家大事，这里的意思是"执政"。名词用作动词。[名词]

　治：治理；管理。[动词]

　正善治：执政时善于治理国家。

⑩事：事情；事务。这里的意思是处理事情；办事。名词用作动词。[名词]

　能：才能；长处。这里的意思是发挥才能。名词用作动词。[名词]

　事善能：处理事情时善于发挥自己的才能。

⑪动：行动。[动词]

　时：时机。这里的意思是"把握时机"。名词用作动词。[名词]

　动善时：行动时善于把握时机。

⑫夫：语气词，一般在文章的结尾句前，提示作者发表议论，表达自己的观点。

唯：只；只有。[副词]

故：缘故；原因。[名词]

尤：罪过；过错；过失。[名词]

夫唯不争，故无尤：只因为不争抢，所以没有过失。

古语今用举例

古代汉语的词类活用现象比较常见，活用的类型也比较多，我们在这一课学到了名词用作动词和形容词用作名词的情况，这种用法在用现代汉语的作品中还有。

1.名词用作动词

例（1）司空在日记上，庄严地写下了第101次，也是他自己一口咬定是最后一次的戒烟誓词："屡戒屡犯，自食其言（食：吃，食言：比喻说话不算数，不守信）。如若再犯，跳楼殉言。"

——《现代汉语高级教程》下，第73页

例（2）那年月，谁把"我""我家""我父母"抬出来，必为同学侧目（看，侧目：就是不用正眼看，看不起）

——《现代汉语高级教程》下，第77页

2.形容词作名词

例（1）三妹走后，我在心中暗暗祈祷：娘，你千万再等一次你那少小（少年，小时候）离家的三女儿！

——《现代汉语高级教程》下，第79页

例（2）我自己对四合院也很有感情，因为我对自己的两个儿子的全部"幼（幼儿）教"就是让他们在院子里和小朋友们一同欢闹，不尽兴决不回屋！

——《现代汉语高级教程》下，第110页

汉字分析

善：古文字🐑，上边部分是"羊"，中国古人认为羊肉美味，因而有美好的意思。下面的🐑，就是互相说的意思，表示很多人的口在夸赞。后来把🐑，写成了"艹"加"口"的古，就是现在的"善"。

众：甲骨文🐑，有的甲骨文在🐑，加上"日"🐑，像三个人在日光下从事劳动。但是古文中的"三"表示多数，不确指。后来篆文的🐑错误地写成了🐑。最后简化作"众"，意思就是"三人成众"。

争：古文字🐑，上面是一只手🐑，下面也有一只手🐑，整个文字像两只手在争夺一个东西，本义就是"争夺"，繁体字从"爫"，作"争"，还可以看到一只手，简化作"争"后就完全看不出手了。

语言知识

词类活用是指某一类词在一定语言环境中用作另一类词，而汉语的词类缺乏形态标志，因此词类活用的情况在古代汉语中比较多。在这种情况下，词义和词的语法特征都要根据语言环境去理解。

我们在本课学到了两种词类活用的情况：

一、名词用作动词

古代汉语中，名词用作动词的现象是比较常见的，我们可以根据这个词所在的句子和整个语言环境判断出它的词义和词性变化。名词变化成动词后，翻译成现代汉语，相当于变成了一个动宾结构，名词原义保存在宾语之中。如我们在本课中学到的：

（1）水利万物而不争。

——水对万物有利，却不与万物相争。

（2）居善地；心善渊。

　　——居处善于适应地势；心思善于保持深水一样的沉静。

（3）正善治，事善能；动善时。

　　——执政时善于治理国家，处理事情时善于发挥自己的才
　　能；行动时善于把握时机。

二、形容词用作名词

古代汉语中，形容词用作名词的现象也不少，形容词名词化以后，翻译成现代汉语后相当于变成了一个定语和中心语的结构，如本课我们学到的"上善若水"，其中的"善"这个形容词用作名词的情况，在句子中"善"本来表示"好"，而在此表示"好的德行"，形容词用作了名词。再比如：

（1）知否，知否，应是绿肥红瘦。(李清照《如梦令·昨夜雨疏风骤》)

句中的形容词"绿"用作名词，表示绿叶；形容词"红"用作名词，表示红花。

（2）使老有所终，壮有所用，幼有所长。（《礼记·礼运》）

句中的形容词"老"用作名词，表示老人；形容词"壮"用作名词，表示壮年人；形容词"幼"用作名词，表示幼儿。

这种用法还保留在一些成语中，沿用至今，如：

（1）以少胜多——凭借少的人战胜多的人。

（2）优胜劣汰

　　——优秀的生物（适应力强的）胜出，劣的（适应力差的）
　　生物被淘汰。

（3）弱肉强食——弱的动物被强的动物吃掉。

练习

一、根据课文的内容回答问题。

    1.人最好的德行应该像什么？

    2.水有哪些好的德行？

    3.上善的人有哪些品质？

二、翻译下列句子，并指出加点词语的意思。

    1.上善若水。

    2.水善利万物而不争。

    3.处众人之所恶。

    4.居善地，心善渊。

5.与善仁，言善信。

6.正善治，事善能，动善时。

7.夫唯不争，故无尤。

三、解释下列语句中加点词的意思。

1.损人利己

2.心生厌恶之情。

3.与人为善

4.他们一有动静，马上告诉我。

5.上等的食材往往很贵。

四、请用动词或名词来解释下列成语中加点词语的意思。

1.衣冠禽兽　　　　衣：　　　　　　冠：

2.一鼓作气　　　　　鼓:

3.山不在高,有仙则名　　名:

4.十年树木,百年树人　　树:

5.舍近求远　　　　　近:　　　　　远:

6.优胜劣汰　　　　　优:　　　　　劣:

7.老弱病残　　　　　老:　　　　　弱:

8.以小见大　　　　　小:　　　　　大:

阅读

郑人买履

郑人有欲买履者,先自度[1]其足,而[1]置之其坐。至[2]市,而[2]忘操之[2]。已得履,乃曰:"吾忘持度[2]。"反归取之。及反,市罢,遂不得履。人曰:"何不试之以足?"曰:"宁信度,无自信也。"

——《韩非子·外储说左上》

1.履:读lǚ,鞋。

2.度[1]:读duó,动词,量;测量。

3.而[1]:连词,相当于"然后"。

4.置:动词,放;搁。

5.坐:名词,通"座",座位。

6.至:介词,到……的时候。

7.之[1]:去。

8.而²：连词，表转折，相当于"但是"；"却"。

9.操：拿；带。

10.之²：代词，代量好的尺寸。

11.乃：于是，就；才。

12.吾：代词，我。

13.持：拿着；带着。

14.度²：读dù，名词，（量好的）尺寸。

15.反：通"返"，返回。

16.及：等到。

17.罢：结束。

18.遂：于是；最终。

19.何不：为什么不。

20.以：用。

21.足：脚。

22.宁：读nìng，宁愿；宁肯。

23.自信：相信自己。

24.也：语气词，放在句末，表示肯定，强调的语气。

第六课
教学相长

教 学 相 长

课文及今译

虽 有 嘉 肴①，弗 食 不 知 其 旨 也②；虽 有 至　道③，

即使有美味饭菜，不吃就不知道它的味道鲜美；即使有最好的学说道理，

弗 学 不 知 其 善 也④。 故 学 然 后 知 不 足⑤，

不 学 就 不 知 道 它 的 好 。因此学习以后才知道自己有不够的地方，

教 然 后 知 困⑥。知 不 足 ， 然 后 能

教人以后才知道还有迷惑不解的地方。知道自己有不够的地方，这样才能

自 反 也⑦；　 知 困 ，然 后 能 自 强 也⑧。

反省自己；知道自己有迷惑不解的地方，这样才能勉励自己奋发进取。

故 曰：教 学 相 长 也⑨。

所以说：教与学是相互促进、共同提高的。

《礼记·学记》

词语注释

①虽：即使。[连词]

　嘉（jiā）：美好的，好的。[形容词]

　肴：本义是做熟的鱼肉，后来泛指食物。[名词]

　虽有嘉肴：即使有美好饭菜。

②弗（fú）：不。[副词]

　食：吃。[动词]

　其：代词，代食物。[代词]

　旨：味美。[形容词]

　也：句末语气词，表示肯定的语气。

　弗食不知其旨：不吃就不知道它的味道鲜美。

③至：最好的。[形容词]

　道：道理，学说。[名词]

　虽有至道：即使有最好的学说道理。

④善：好，完美。[形容词]

　弗学不知其善也：不学就不知道它的好。

⑤故：因此，所以。[连词]

　然：这样。指"学习"这件事。[代词]

　后：以后。[副词]

　足：足够。[形容词]

　故学然后知不足：因此学习以后才知道自己有不够的地方。

⑥教：教导，教育。[动词]

　困：（受到）阻碍，不通。[动]这里用作名词，指困惑不解的问题。

　教然后知困：教人以后才知道还有迷惑不解的地方。

⑦反：反省。[动词]

自反：自己反省。

知不足，然后能自反也：知道自己有不够的地方，这样才能反省自己。

⑧强：勉励（miǎnlì）。[动词]

自强：勉励自己。

知困，然后能自强也：知道自己有迷惑不解的地方，这样才能勉励
自己奋发进取。

⑨相：互相。[副词]

长（zhǎng）：提高。[动词]

教学相长也：教与学是相互促进、共同提高的。

古语今用举例

我们在这一课学到了现今常用到的成语"教学相长"，同时我们学到
了一些至今还在使用的古汉语词语，如"曰""至""道""然"等。

1."曰"——说

例（1）"文化大革命"开始时，我刚从小学毕业。中学不收人
了，我和我的同学们成了"半吊子"，上够不着天，下踩不着地，美
其名曰"七年级"。

——《现代汉语高级教程》下，第1页

例（2）比如七言绝句《清明》，把停顿的位置调整一下，变
成："清明时节雨，纷纷路上行人，欲断魂。借问酒家何处？有牧童
遥指杏花村。"这就成为一首自度曲的词或曰散曲了。

——《现代汉语高级教程》下，第155页

2.“至”——最

例（1）先生忙叫我认真地观察一下，然后记录下来，望着挑夫们远去的身影，他念出了《千金方》中的八个字，"人命至重，有贵千金"。

——《现代汉语高级教程》下，第51页

例（2）聆听对于获取有用信息、做出正确决策至关重要（最重要的），因为决策使用的大多数信息都来源于口头交谈。

——《现代汉语高级教程》下，第144页

3.“道”——方法、学说

例（1）非严华君妙达精微，险些误之，可见医道（学问）无边，而究其理惟辩证变通耳。

——《现代汉语高级教程》下，第59页

例（2）为了使读书真正有助于素质的提高，唯一的可行之道（方法）是吸收了书中的有用知识和正确道理之后，努力付诸实践，使表里如一，实至名归。

——《现代汉语高级教程》下，第220页

例（3）丁聪走了。他给我们留下了许多漫画，还有乐观风趣的生活态度。这位漫画家在世时，有人问起他的养生之道（方法），他说："无道（方法）。"

——《发展汉语·高级阅读》Ⅰ，第30页

4.“然”——这样、那样

例，庙：旧时，人们出于对神、佛的信仰、崇敬，对于寺庙是敬重的，按说对于以寺庙命名的地名都应该读正音，但事实上不尽然。

如火神庙、药王庙、地王庙都读作"庙"，但白庙儿、红庙儿却都要"儿"化。

——《发展汉语·高级阅读》Ⅰ，第52页

汉字分析

肉：𩇕古文字形像切成大块的肉。作偏旁时一般用来表示人（或动物）的身体部位或器官，写作"月"俗称"肉月旁"。与"月亮"的"月"同形，但意思不一样。

有：𢖩古文字形是右手拿着肉的形象。手里拿着，所以是"持有"的意思，后来当"有无"的"有"。

肴：𦞤古文字字形采用"肉（月）"作偏旁，"爻"是声旁，也是形旁，表示交叉组合。因此"肴"的本义是摆放各种肉食，接待客人。引申为丰盛的肉食。

语言知识

一、否定副词"弗"

现代汉语的否定副词常用的是"不""没/有"，而古代汉语中的否定词就丰富多了，我们已经遇到过"不""弗"，以后我们还会遇到"非""未""勿""毋"等。从我们学过的课文中不难发现，"不"在古代就是一个使用频率较高、范围较广的否定词，这种优势一直保持在现代汉语的使用中。

"不"和"弗"都是否定词，但是它们有一些区别："不"的使用范围广一些，它可以放在动词前面，也可以放在形容词前面，还可以放在数词前面，这些用法一直保存在现代汉语的使用中；而"弗"一般否定及物

动词，不能否定形容词，"弗"在现代汉语中一般不使用了，它只保留在现在还在使用的极少的成语或熟语中。如：

（1）自叹弗如——自感不如别人而内心感叹。

（2）自愧弗如——自感不如别人而内心惭愧。

（3）置之弗论——放在那儿不管。

二、"虽"的意思和用法

古代汉语中"虽"的意思常见的有两个，一个是沿用至今的"虽然"，另一个是现代汉语的"即使"，具体是哪一个意思，要根据语言环境来决定。如果句子表达的是已经发生的事情，那么就是"虽然"的意思；如果句子表示的是一种假设情况发生而做出让步，那么就是"即使"的意思。

在本课我们所遇到的句子：

（1）虽有嘉肴，弗食不知其旨也；虽有至道，弗学不知其善也。

——即使有美味饭菜，不吃，就不知道它的味道鲜美；即使有最好的学说道理，不学，就不知道它的好。

根据下文的句式"弗……不……"，这是一种假设情况，相当于"如果不……就不……"，因此这里的"虽"是"即使"的意思。

我们再看下面这个例子：

（2）虽与之俱学，弗若之矣。（《孟子·告子上》）

——虽然两个人一起学习，（但是）不专心的那个人（水平）不如专心的人。

孟子的这篇文章讲了两个人一起学习（下棋），一个人专心听讲，另一个人在想别的事情，结果学习效果不一样。根据这样的语言环境，我们得出这个例子中的"虽"是"虽然"的意思。

练习

一、根据课文内容回答问题。

1."虽有嘉肴，弗食不知其旨也。"说明了什么道理？

2.课文中讲的"教"和"学"是什么关系呢？你同意吗？

二、翻译下列句子，并指出加点词语的意思。

1.虽有嘉肴，弗食不知其旨也。

2.虽有至道，弗学不知其善也。

3.故学然后知不足，教然后知困；知不足，然后能自反也。

4.故曰：教学相长。

三、解释下列成语中加点词及整个成语的意思。

1.虽败犹荣　　　　　　虽：

2.废寝忘食　　　　　　食：

3.至爱亲朋　　　　　　至：

4.尊师重道　　　　　　道：

5.知足常乐　　　　　　足：

6.自言自语　　　　　　自：

7.自强不息　　　　　　强：

8.吃一堑（qiàn），长一智　　　　长：

四、请用本课所学词语的意思解释下列词语。

1.至少

2.金钱至上

3.至尊

4.证据不足

5.朝闻道，夕死可矣

6.长（zhǎng）见识

7.嘉宾

五、请用动词来解释下列词语中加点的词。

1.少衣多浴　　　　　衣：

2.食不果腹　　　　　食：

3.树之以桑　　　　　树：

4.欲穷千里目，更上一层楼。　　　　　目：

5.假舟楫者，非能水也，而绝江河。　　　　　水：

阅读

北人食菱

北人生而不识菱者，仕于南方，席上啖菱，并壳入口。或曰："食菱须去¹壳。"其人自护所短，曰："我非不知，并壳者，欲以去²热也。"问者曰："北土亦有此物否？"答曰："前山后山，何地不有？"

夫菱生于水而曰土产，此坐强不知以为知也。

——《雪涛小说》

1.仕：做官。

2.席：宴席。

3.啖：吃。

4.并：一起，一并。

5.或：有的人。

6.食：吃。

7.去¹：去掉。

8.所：代词，放在动词的前面，组成名词性词组。

9.短：与代词"所"一起组成名词性词组"短处"。

10.去²：清除，消除。

11.亦：也。

12.何：什么，哪个。

13.坐：因为。

14.强：勉强，竭力。

15.以为：当作，当成。

第七课
远水不救近火

远水不救近火

课文及今译

鲁穆公使众公子或宦于晋，或宦于荆①。

鲁穆公把自己的儿子有的派到晋国做官，有的派到楚国做官。

犁鉏曰："假人于越而救溺子②，越人虽善游，

犁鉏说："从越国借人来救落水的孩子，越国的人虽然善于游泳，

子必不生矣③。失火而取水于海④，

但是孩子肯定也无法救活。发生火灾了从大海那里取水来救火，

海水虽多，火必不灭矣⑤，远水不救近火也⑥。

海里的水虽然很多，但是火肯定无法扑灭，从远处取水来救近处发生的火灾是救不了的。

今晋与荆虽强，而齐近⑦，鲁患

现在晋国和楚国虽然很强大，但是齐国离鲁国近，鲁国有祸患的话

其不救乎！"⑧

恐怕晋国和楚国也救不了啊！"

《韩非子·说林上》

词语注释

①鲁穆公：中国春秋时鲁国的国君。

使：让，派。[动词]

众：多，许多。[形容词]

公子：旧时对别人儿子的尊称，这里指国君的儿子。[名词]

或：有的。[代词]

宦：做官。[动词]

于：在，到，从。[介词]

晋：晋国，中国古代诸侯国名。[名词]

荆：中国古代诸侯国楚国的别称。[名词]

鲁穆公使众公子或宦于晋，或宦于荆：鲁穆公把自己的儿子有的派到晋

国做官，有的派到楚国做官。

②犁鉏（Lí Chú）：人名，鲁国大夫。[名词]

曰：说。[动词]

假：借。[动词]

于：从。[介词]

越：越国，中国古代诸侯国名。[名词]

而：连接两部分，这里表示动作发生的目的，可译为"来"。[连词]

溺：读音nì，没入水中，落水中。[动词]

子：孩子。[名词]

假人于越而救溺子：从越国借人来救落水的孩子。

③虽：虽然。[连词]

善：善于，擅长。[动词]

游：游泳。[动词]

必：一定。[副词]

生：活。[动词]

矣：相当于"了"，语气词。

越人虽善游，子必不生矣：越国的人虽然善于游泳，但是孩子肯定也
无法救活。

④失：过错，过失。[动词]

失火：发生火灾。

取：拿到手，拿。[动词]

失火而取水于海：发生火灾了从大海那里取水来救火。

⑤灭：熄灭，这里是"扑灭""浇灭"的意思。

海水虽多，火必不灭矣：海里的水虽然很多，但是火肯定无法扑灭。

⑥远水：从远的地方取水。

不救：救不了。

近火：近处发生的火灾。

也：表示肯定。[语气词]

远水不救近火也：从远处取水来救近处发生的火灾是救不了的。

⑦今：现在。[名词]

与：和。[连词]

强：强大。[形容词]

而：但是。[连词]

今晋与荆虽强，而齐近：现在晋国和楚国虽然很强大，但是齐国离鲁
国近。

⑧患：灾祸，忧患。[动词]

其：它们。这里指晋国和楚国。[代词]

乎：吗，用在句末，表示感叹。[语气词]

鲁患其不救乎：鲁国有祸患的话，恐怕晋国和楚国也救不了啊！

古语今用举例

在本课我们除了学到了"远水不救近火"这个成语的来历，还学到了古代汉语中的词语"或""失""必"等。这些词语的意思一直保留至今：

1."或"——有的

例：在北京后海的一个四合院内，每个周六都会响起一个声音，一位头戴耳机，手持麦克风的中年男子绘声绘色地描述电影，而一群特殊的听众在座位上或偏着脑袋，或低着头，沉醉在奇妙的光影世界中。

——《发展汉语·高级阅读》Ⅰ，第106页

2."失"——错误、过失

例（1）然人非圣贤，余更为中等智能，失手颇多，自省奇苦。失手者，乃成功疆域扩大之先奏；失手之案，为余为后人之警钟。

——《现代汉语高级教程》下，第56页

例（2）余年老失察，倦于问病，失手在即。

——《现代汉语高级教程》下，第59页

3."必"——必要，一定

例：他踌躇了一会，终于决定还是自己送我去。我两三回劝他不必（没有必要）去；他只说："不要紧，他们去不好！"

——《现代汉语高级教程》下，第89页

汉字分析

宦：⬛古文字，是由⌂（宀，家室，宫殿）和◢（奴隶）组合起来的，表示在室内劳动的奴隶。后来也给他们安排一定的管理职位，就是当小官。"官宦"连用，就表示一定级别的政府工作人员。在本课里的

"宦"用作了动词，表示做官。

溺：甲骨文 ，左边是一个人 ，右边是河水 ，表示落水淹死。后来篆文为 ，左边是 （河水），右边是 （弱），表示水性不强的人，合起来的意思是因水性不佳而淹死了。后来将表示河水的 ，写成 ，就形成了我们今天看到的"溺"，本义是因水性不佳而淹死。

取：古文字 ，左边是耳朵，右边是手（又），合起来表示用手割耳朵。古代作战，捕获敌人就割取他的耳朵来计数，献功。也用这种办法来计算捕获的野兽。这是"取"的本义，后来引申为"拿、拿来"。现在有"夺取"的意思，"巧取豪夺"中的"取"保留了这个意思。

语言知识

一、"或"的意思和用法

"或"在古代汉语中除了作副词，表示"或许""大概"的意思，还可以作代词，它可以代人、代物、代时间、代处所等，用来表示"有人""有的（人）""有什么东西""有什么地方"，例如我们本课学到的：

（1）鲁穆公使众公子或宦于晋，或宦于荆。

——鲁穆公派自己的儿子们去（外地）做官，有的在晋国做官，有的在楚国做官。

又比如：

（2）人固有一死，或重于泰山，或轻于鸿毛。（司马迁《报任安书》）

——人原本都要死的，（但死的意义不同）有的比泰山还重，有的比鸿雁的羽毛还轻。

二、语气词"也"

"也"在古代汉语中是一个语气词，它常常用在句末，表示判断的语气，相当于现代汉语的"是"，如我们在第一课学到的：

（1）今鸣者鸦也。——现在鸣叫的鸟是乌鸦。

"也"字也可以用来表示肯定，相当于现代汉语"是……的"。如我们在本课我们学到的：

（2）失火而取水于海，海水虽多，火必不灭矣，远水不救近火也。

——发生火灾了却要从大海取水。海里的水虽然很多，但是火肯定无法扑灭。因为从远处取水来救近处发生的火灾是救不了的。

又比如：

（3）子子孙孙无穷匮也。（《列子·愚公移山》）

——子子孙孙是没有穷尽的。

练习

一、根据课文回答问题。

1.鲁穆公为什么要派自己的儿子去晋国和楚国做官？

2.犁鉏是怎么给鲁穆公分析的？

3.犁鉏认为怎么做才好呢？

二、翻译下列句子，并指出加点词语的意思。

1.鲁穆公使众公子或宦于晋，或宦于荆。

2.假人于越而救溺子，越人虽善游，子必不生矣。

3.失火而取水于海。

4.海水虽多，火必不灭矣。

5.远水不救近火也。

6.今晋与荆虽强，而齐近，鲁患其不救乎！

三、解释下列句子中加点词语的意思。

1.熊孩子在婚礼现场捣乱，被爸爸拖着离开的画面，让众人哭笑不得。

2.小狗看到主人在身边，马上狐假虎威地对大狗叫起来。

3.他毫不犹豫地跳下河去救溺水的孩子。

4.大楼失火了，消防队员赶到后马上开始了营救工作。

四、解释下列成语中加点词语及整个成语的意思。

1.虽死犹荣　　　　　虽：

2.假公济私　　　　　假：

3.知人善任　　　　　善：

4.酒后失言　　　　　失：

5.患难与共　　　　　患：

6.莫名其妙　　　　　其：

五、用现代汉语的表示方法重新书写下列句子，并注意句中"于"的意思。

1.鸦鸣于树上。

2.他生于北京。

3.事情已经大白于天下。

4.于心不安

5.寓教于乐

6.青出于蓝

7.出于礼貌，应该先请长者入座。

阅读

张之万之马

张尚书之万，畜一红马，甚神骏，尝日行千里，不喘不吁。有军人见而爱之，遣人来买，公不许。固请，之万无奈，遂牵而去。未几，马送回，之万怪之，询其故[1]，曰："方乘，遂为掀下。连易数人，皆掀坠。此乃劣马，故[2]退之。"之万求之不得，遂退金收马。比公乘之，驯良如故[3]。盖此马愿从主也。

———《庸闲斋笔记》

1.畜：养。
2.甚：很。
3.尝：曾经。

4.行：行走，行程。

5.遣：派。

6.许：答应，同意。

7.固：坚持。

8.请：请求。

9.未几：不久。

10.怪：感到奇怪。

11.故¹：原因。

12.方：正在。

13.易：更换。

14.乃：是，就是。

15.故²：所以。

16.金：钱。

17.比：等到。

18.故³：旧的，原来的。

19.盖：句首语气词。

20.从：跟随。

第八课
卧薪尝胆

卧薪尝胆①

课文及今译

吴 既 赦 越②，越 王 勾 践 反 国③，
吴王 赦 免 了 越 王 以 后，越王 勾 践 回到 自己 的 国家，

乃 苦 身 焦 思④，置 胆 于 坐⑤，
于是 他 每天 使 自己 的 身体 劳累、焦虑 地 思索。还 把 一个 苦胆 挂在 座位 上面，

坐 卧 即 仰 胆⑥，饮 食 亦 尝 胆 也⑦。
坐下 休息、躺下 睡觉 以前 都 要 抬头 看看 苦胆，喝水 吃饭 以前 也 要 先 尝尝 苦胆。

曰 ：“女 忘 会 稽 之 耻 邪？⑧”身 自 耕 作，
他 问 自己：“你 忘 了 在 会稽山 经受 的 耻辱 了 吗？” 他 亲自 耕地 劳作，

夫 人 自 织⑨；食 不 加 肉，衣 不 重 采⑩；
他 的 夫人 亲手 织布；吃 饭 没 有 肉，穿 的 衣服 没有 两种 以上 的 色彩；

折 节 下 贤 人，厚 遇 宾 客⑪；
委屈 自己，放低 自己 的 身份，彬彬 有礼 地 对待 有 才能 的 人，热情 诚恳 地 招待 宾客；

振 贫 吊 死，与 百姓 同其劳⑫。终 灭 吴⑬。

救济穷人，悼念死难的人，和老百姓共同劳苦工作。最后终于打败了吴国。

司马迁《史记·越王勾践世家》

词语注释

①卧：躺；睡觉。[动词]

薪：柴草。[名词]

胆：这里指动物的胆囊，里面的胆汁味道很苦。

卧薪尝胆：睡在柴草上，舔苦胆的味道。意思是提醒自己不忘耻辱。

②吴：中国古代春秋时期的诸侯国吴国。这里指吴王。[名词]

既：已经。[副词]

赦：读音shè，赦免。[动词]

越：中国古代春秋时期的诸侯国越国。这里指越王。[名词]

吴既赦越：吴王赦免了越王以后。

③勾践：越王的名字。[人名]

反：同"返"，返回；回去。[动词]

越王勾践反国：越王勾践回到自己的国家。

④乃：于是。[副词]

苦：辛苦，劳苦。这里用作动词，意思是"使……辛苦"。[形容词]

身：身体。[名词]

焦：焦虑。[形容词]

思：思索；思考。在这里是"反思"的意思。[动词]

乃苦身焦思：于是他每天使自己的身体劳累、焦虑地思索。

⑤置：放；挂。[动词]

于：引出动词的处所。[介词]

坐：同"座"，座位。[名词]

置胆于坐：还把一个苦胆挂在座位上面。

⑥坐：坐下。[动词]

卧：躺下。[动词]

即：则，就。[连词]

仰：抬头。[动词]

坐卧即仰胆：坐下休息、躺下睡觉以前都要抬头看看苦胆。

⑦饮：喝。[动词]

食：吃。[动词]

亦：也。[副词]

尝：尝一尝。[动词]

饮食亦尝胆也：喝水吃饭以前也要先尝尝苦胆。

⑧女：读音rǔ，同"汝"，你。[代词]

会稽：读音kuàijī，指会稽山，属于越国的领地。

之：的。[助词]

耻：耻辱。[名词]

邪：读音yé，吗。[疑问语气词]

女忘会稽之耻邪：你忘了在会稽山经受的耻辱了吗？

⑨身：自身，自己。[代词]

自：亲自。[副词]

耕：耕种，种地。[动词]

作：劳作。[动词]

夫人：中国古代指诸侯的妻子。

织：织布。[动词]

身自耕作，夫人自织：他亲自耕地劳作，他的夫人亲手织布。

⑩衣：读音yì，穿。[动词]

重：读音chóng，重复；重叠。[动词]

采：同"彩"，色彩。[名词]

食不加肉，衣不重采：吃饭没有肉，穿的衣服没有两种以上的色彩。

⑪折：损失。[动词]

节：气节；节操。[名词]

下：低。[名词]这里用作动词，放低（身份）。

贤：有道德有才能的。[形容词]

厚：厚重，隆重。这里比喻态度很有礼貌。[形容词]

遇：对待。[动词]

折节下贤人，厚遇宾客：委屈自己，放低自己的身份，彬彬有礼地对待有才能的人，热情诚恳地招待宾客。

⑫振：同"赈"，救济。[动词]

贫：穷人。[名词]

吊：悼念。[动词]

死：死者。[名词]

同：共同。[副词]

劳：劳作。[动词]

振贫吊死，与百姓同其劳：救济穷人，悼念死难的人，和老百姓共同劳苦工作。

⑬终：终于。[副词]

灭：消灭；灭亡。[动词]

终灭吴：最后终于打败了吴国。

古语今用举例

我们在这一课学到了成语"卧薪尝胆"，同时我们还学到了一些至今还在使用的古汉语词语，如"置""其""亦"。

1. "置" ——放

例（1）人和动物一样，都要依靠自然才得以生存。人类只有时时置身于（把自己放在……）大自然中，才能保持生命的活力。

　　　　　　　　　　　　——《发展汉语·高级阅读》Ⅰ，第54页

例（2）比如，有阔别10年的老同学聚首，司空递给同学一支烟，自然而然地抽出一支烟叨在自己嘴上，爱人在对面狠狠地剜了他一眼，他一笑置之（笑一下没有理会夫人的眼神）。

　　　　　　　　　　　　——《现代汉语高级教程》下，第74页

2. "亦" ——也

例（1）先生右眼视力下降，左眼又发白内障，用放大镜亦要距书一寸左右才可看清。

　　　　　　　　　　　　——《现代汉语高级教程》下，第59页

例（2）闲时喜养花，不得其法，每每有叶无花，亦不忍弃。……教书作事，均甚认真，往往吃亏，亦不后悔。

　　　　　　　　　　　　——《现代汉语高级教程》下，第105页

3. "乃" ——表强调，相当于"就是"

例：失手者，乃成功疆域扩大之先奏。

　　　　　　　　　　　　——《现代汉语高级教程》下，第58页

汉字分析

坐：篆文坐，是由两个人ㄚㄚ，加上土炕土组成的，表示两个人相对而坐在土炕上。本义是古人双膝跪地，把臀部靠在脚后跟上。另外，"坐"还指"座儿""座位"。

衣：甲骨文 ⌂，上面部分 ∧，表示插入，下面部分的 ⋏ 表示两只袖子，而 ℧ 表示两襟互掩的上装。整个字形的意思就是两肩插入两袖，穿起上装。这是"衣"的本义，是一个动词。读作yì。

耕：篆文 耕，左边部分 耒 是古代一种耕田的工具，是在木棒上装排齿，现在的名字叫齿耙，用来松土的。右边部分 井 表示田地。整个字形的意思是犁地。

语言知识

一、使动用法

使动用法是古代汉语中一种比较特殊的语法现象。意思是谓语动词或形容词或名词具有"使之怎么样"的意思。比较常见的使动用法有三种：

（一）动词的使动用法。

动词的使动用法就是主语使宾语发出动作或出现某种变化。如：

（1）河曲智叟笑而止之曰。（《列子·汤问》）

——河湾上的智叟讥笑愚公，然后让愚公停止搬山。

其中的"止"是"使……停止"的意思。

（二）形容词的使动用法。

形容词的使动用法是主语使宾语具有某种性质或状态。如我们在本课学到的句子：

（2）越王勾践反国，乃苦身焦思。

——越王勾践回到自己的国家。于是他（有意）使自己的身体劳累，焦虑地思索。

其中"苦身"和"焦思"中的形容词"苦"和"焦"都是使动用法，是主语"越王"亲自劳动，使自己的身体辛苦；还使自己的心思时刻感到忧虑。这是形容词的使动用法。

又如：

（3）春风又绿江南岸。（王安石《船泊瓜洲》）

——春风又使江南变绿了。

再如：

（4）既来之，则安之。（《论语·季氏将伐颛臾》）

——使他（用教化归服来的人）来了，就要使他安定下来。

上面的句中，既用了动词的使动用法"来之"，又用了形容词的使动用法"安之"。

（三）名词的使动用法。

名词的使动用法是这个名词使宾语具有这个名词所代表的人或事物。

（4）生死肉骨。——使死人复生，使白骨长肉。

句中既有动词的使动用法，又有名词的使动用法，"生死"是动词使动用法，"肉骨"是名词使动用法。

这种使动用法还保留在一些成语中，一直沿用至今，如：

丰衣足食——使穿的吃的都很丰富充足。

惊天动地——使天地惊动。

富国强兵——使国家富裕，军队强大。

二、"乃"的意思和用法

古代汉语中，"乃"可以作副词，也可以作代词。

（一）"乃"的副词用法

1.表示前后两件事在情理上的顺承或时间上的紧接，相当于"于是"。例如我们在本课学到的句子：

（1）越王勾践反国，乃苦身焦思。

——越王勾践回到自己的国家。于是他（有意）使自己的身体劳累，焦虑地思索。

这个句子的意思是：越王回到自己的国家，为了不忘在吴国受到的屈辱，于是使自己的身体劳累，焦虑地思索，目的是奋发图强，早日灭掉吴国，报仇雪恨。

2. "乃"表示转折，相当于"竟然""却"。例如：

（2）问今是何世，乃不知有汉。（陶渊明《桃花源记》）

——问（桃花源里的人）现在是什么朝代了，他们竟然不
知道有过汉朝。

3. "乃"用在判断句中，表示确认，强调，相当于"就是"。例如：

（3）信曰："陛下不能将兵，而善将将，此乃之所以为陛下禽也。"

——陛下您不能带兵，但是善于率领将士，这就是我被您
抓住的原因。

句中的"乃"翻译为"就是"。

（二）"乃"的代词用法

"乃"作代词用时，相当于"你"或"你的"。例如：

（4）王师北定中原日，家祭无忘告乃翁。（陆游《示儿》）

——当朝廷的军队收复中原的时候，祭祀家中先人，不要
忘记把这个好消息告诉你的父亲。

练习

一、根据课文的内容回答问题。

1. 越王勾践从吴国回到自己的国家后首先做了一件什么事？

2. 他为什么要卧薪尝胆？

3. 他常常问自己一个什么样的问题？

二、翻译下列句子，并指出加点词语的意思。

　　1.吴既赦越，越王勾践反国，乃苦身焦思。

　　2.置胆于坐，坐卧即仰胆，饮食亦尝胆也。

　　3.曰："女忘会稽之耻邪？"

　　4.身自耕作，夫人自织。

　　5.食不加肉，衣不重采。

　　6.折节下贤人，厚遇宾客。

　　7.振贫吊死，与百姓同其劳。

　　8.终灭吴。

三、解释下列成语中加点词语的意思。

1.既成事实　　　　既：

2.置之不理　　　　置：

3.卧虎藏龙　　　　卧：

4.顾虑重重　　　　重：

5.厚此薄彼　　　　厚：

6.身经百战　　　　身：

7.衣食无忧　　　　衣：　　　　　　食：

8.衣锦还乡　　　　衣：

四、解释下面成语或句子的意思，注意加点词语的使动用法。

1.自己动手，丰衣足食

2.惊天动地

3.富国强兵

4.独善其身

5.完璧归赵

6.以铜为镜可以正衣冠

阅读

薛谭学讴

薛谭学讴于秦青，未穷秦青之¹技，自谓尽之²，遂辞归。秦青弗止，饯于郊衢，抚节悲歌，声振林木，响遏行云。薛谭乃谢求反，终身不敢言归。

——《列子·汤问》

1.讴：唱歌。

2.于：向。

3.穷：全部，所有的。

4.之¹：结构助词，相当于"的"。

5.之²：代词，代指秦青的唱歌技艺。

6.辞：告辞，告别。

7.饯：设宴送行。

8.衢（qú）：大路。

9.抚节：打节拍。

10.遏（è）：使……停止，阻止，阻拦。

11.行云：移动的云。

12.谢：道歉。

13.反：同"返"，回来，返回。

第九课
叶公好龙

叶公好龙

课文及今译

叶公子高　好龙①，钩以写龙，凿以写龙②，屋室

叶公，字子高，他很喜欢龙，他衣服的带钩上画着龙，酒杯上画着龙，房屋上

雕文以写龙③。于是天龙闻而下之④，

雕刻的图案、花纹都是龙。天上的真龙听说了，就从天上下到叶公家来，

窥头于牖，施尾于堂⑤。叶公见之，弃而还走⑥，

把头搭在窗台上向屋里张望，尾巴伸到了大厅里。叶公一看是真龙，转身就跑，

失其魂魄，五色无主⑦。

吓得像丢了魂一样，脸色一会儿白，一会儿黄，不能控制自己。

是叶公非好龙也⑧，好夫似龙而非龙者也⑨。

从这可知，叶公不是喜欢龙，他喜欢的是那些像龙但不是龙的东西。

刘向《新序·杂事五》

词语注释

①叶公：姓沈，名诸梁，字子高，封于叶（今河南省叶县），所以称叶公。
"公"是中国古人对长辈或平辈男子的尊称。[名词]

子高：叶公的字。

好：爱好，喜欢。[动词]

龙：中国神话传说中的动物，象征祥瑞。[名词]

叶公好龙：叶公喜欢龙。

②钩：衣服上的带钩。有装饰和显示身份的作用。在这里是名词作
状语。

以：用来，此处可以不翻译。[介词]

写：这里是"画""刻画"的意思。[动词]

觥：读音jué，通"爵"，古代的酒具，饮酒用的。[名词]

觥以：即以觥，在酒具上。

钩以写龙，觥以写龙：他衣服的带钩上画着龙，酒杯上画着龙。

③居室：房屋。[名词]

雕：刻，雕刻。[动词]

文：同"纹"，图案，花纹。

屋室雕文以写龙：房屋上雕刻的图案、花纹都是龙。

④天龙：天上的真龙。[名词]

闻：听。[动词]

而：就。[连词]

下：下降。[动词]

之：代指叶公的住处。[代词]

于是天龙闻而下之：天上的真龙听说了，就从天上下到叶公家来。

⑤窥：偷看，这里是从缝隙里悄悄地探望。[动词]

于：从，在。[介词]

牖：读音yǒu，窗户。[名词]

施：读音yì，与"拖"同义，延伸的意思。[动词]

尾：尾巴。[名词]

堂：厅，厅堂。[名词]

窥头于牖，施尾于堂：把头搭在窗台上向屋里张望，尾巴伸到了大厅里。

⑥之：代指天龙。[代词]

弃：放弃。[动词]

而：就。[连词]

还：读音xuán，同"旋"。这里是"转身"的意思。[动词]

走：跑。[动词]

叶公见之，弃而还走：叶公一看是真龙，转身就跑。

⑦失：失去。[动词]

其：他的。[代词]

魂魄：读音húnpò，依附在人体的精神。

五色：青、白、赤、黑、黄。这里指人的脸色一会儿白，一会儿黄
　　　地变化。

无主：不能控制。主，控制，主张。

失其魂魄，五色无主：吓得像丢了魂一样，脸色一会儿白，一会儿黄，
　　　　　　　　　　不能控制自己。

⑧是：这，指叶公看见真龙吓得逃跑这件事。[代词]

非：不，不是。[副词]

也：是，用在句子末尾，表示判断。[动词]

是叶公非好龙也：从这可知，叶公不是喜欢龙。

⑨夫：这，那。[代词]

似：像。[动词]

者也：表示判断，相当于"是"。

好夫似龙而非龙者也：他喜欢的是那些像龙但不是龙的东西。

古语今用举例

我们在这一课学到了现代人常用到的成语"叶公好龙",同时我们还学到了一些至今还在使用的古汉词语,如"是""色""言""以"。

1. "是"——这,这样

例:闲时喜养花,不得其法,每每有叶无花,亦不忍弃。……教书作事,均甚认真,往往吃亏,亦不后悔。如是(这样)而已,再活四十年也许能有点出息。

——《现代汉语高级教程》下,第105页

2. "闻"——听

例:相声是一种中国传统的民间艺术,也是老百姓喜闻乐见的艺术形式之一。

——《发展汉语·高级阅读》(Ⅰ)第117页

3. "色"——表情

例(1)先生听了我的话,登时有些诧异,神色中流露出惋惜和明显的痛苦……

——《现代汉语高级教程》下,第57页

例(2)在北京后海的一个四合院内,每个周六都会响起一个声音,一位头戴耳机,手持麦克风的中年男子绘声绘色地描述电影,而一群特殊的听众在座位上或偏着脑袋,或低着头,沉醉在奇妙的光影世界中。

——《发展汉语·高级阅读》(Ⅰ),第106页

4. "以"——用,用在强调句中

例:当老师的你,生命中会遇到很多个学生,每一个学生对你而

言，只不过是众多学生中的一个。然而，对于学生来说，你却是他生命中遇到的有限的老师之一。你将是开启他万千世界的人，若爱，请深爱；若教，请全力以（用）赴（用全力来做）。

——微信公众号"小学数学"，2019年11月2日

汉字分析

龙：甲骨文，象形字，像龙的形状。本义：古代传说中一种有鳞有须，能飞，能游，能兴风作雨的神异动物。篆体，形声字，从肉，飞之形，童省声。现在用的简化字"龙"是由繁体字"龍"的右半部分草书简化而来。

闻：甲骨文，像一个跪着的人将手附在耳朵旁，表示"听"的意思。篆文，由"門"（门）和（耳）加起来，表示在门里听门外的动静。现在的"新闻""见闻"就是"闻"的本义的保留。

色：古文字，这个文字中有两个人，字的上面部分是站的人，下面部分是跪坐的人，整个字表示跪的人仰望站的人，留意脸上的神情气色。课文中"五色无主"的"色"就是它的本义"脸色"。

语言知识

一、"以"的用法（二）

我们在第二课已经学过介词"以"的意思是"把""用……来""按照"等，在这里我们学习介词"以"用在强调句中，在本课中我们学到了这样的句子：

（1）叶公子高好龙，钩以写龙，凿以写龙，居室雕文以写龙。

在这句话中，介词"以"带的宾语分别是"钩、凿、居室"提前到了

动词前，目的是强调叶公看起来非常喜欢龙。这句话直译出来就是：

> 叶公子高非常喜欢龙，衣服的带钩用来画龙，酒具用来画龙，房屋的梁柱用来雕刻龙。

这句话按照现代汉语的表达方式来说就是：

> 叶公子高非常喜欢龙，衣服上画着龙，酒具上画着龙，房屋梁柱上刻着龙。

"以"表示的"用……来"这个意思虚化了，不用翻译。

类似这样提前宾语表示强调的例子还有：

（2）子曰："敏而好学，不耻下问"，是以谓之'文'也。（《论语·公冶长》）

> ——孔子说："理解问题快，而且喜欢学习，不认为向比自己地位低的人请教问题是耻辱的事情。"因为这个称他为"文"。

这种用法保留在了现代汉语中，如：

（3）学以致用，用以促学。

> ——把学到的知识，运用到实践中；把在实践中得到的经验教训用来促进进一步学习。

二、"是"的意思和用法

古代汉语中的"是"与现代汉语不同，它不是用来表示判断的，在古代汉语中，"是"主要用作指示代词，相当于"这、这个、这样"。例如我们在本课学到的句子：

（1）是叶公非好龙也，好夫似龙而非龙者也。

"是"在这里代叶公看到真龙吓得逃跑这件事，说明叶公喜欢那些像龙的东西，而不是真的喜欢龙。

又比如：

（2）吾祖死于是，吾父死于是。（柳宗元《捕蛇者说》）

> ——我祖父死在这件事（捕蛇）上，我父亲也死在这件事上。

句中的"是"代指捕蛇这件事。

    （3）是日也，天朗气清，惠风和畅。（《兰亭集序》）

        ——这一天，天气晴朗，和风温暖。

句中的"是"代指这一天。

    （4）若是，则百吏莫不畏法而遵绳矣。（《荀子·王霸》）

        ——如果这样，大小官吏都会畏惧而遵守制度了。

    （5）是马也，虽有千里之能，食不饱，力不足。（韩愈《马说》）

        ——这种马，虽然有日行千里的本领,但是吃不饱,力量(就)

        不够。

练习

一、根据课文的内容回答问题。

    1.叶公用什么方法来表示自己喜欢龙？

    2.叶公看见真的龙是什么表现？

    3.叶公到底喜欢不喜欢龙？

二、翻译下列句子，并指出加点词语的意思。

    1.叶公子高好龙。

2.钩以写龙，凿（jué）以写龙，屋室雕文以写龙。

3.于是天龙闻而下之，窥头于牖（yǒu），施（yì）尾于堂。

4.叶公见之，弃而还（xuán）走，失其魂魄，五色无主。

5.是叶公非好龙也，好夫似龙而非龙者也。

三、**解释下列句子中加点词语的意思。**

1.听说那家餐馆的牛肉面很好吃，<u>百闻不如一见</u>，我这就去尝尝！

2.他发现一个可疑的人向屋里<u>窥视</u>。

3.临近考试，她不得不暂时<u>放弃</u>打工。

4.突如其来的打击让他<u>失魂落魄</u>。

5.突然传来急促的敲门声，大家惊吓得<u>六神无主</u>。

四、解释下列成语中加点词语及整个成语的意思。

1.好吃懒做　　　　　好：

2.轻描淡写　　　　　写：

3.雕梁画栋　　　　　雕：

4.走马观花　　　　　走：

5.大惊失色　　　　　色：

6.六神无主　　　　　主：

五、根据下面句子的意思，把"以"放在合适的位置上。

1.用全部的力气来努力奋斗。　　　　___全___力___赴

2.睡觉做梦的时候也在追求。　　　　___梦___寐___求

3.摆好严整的阵势来等待来犯的敌人。　___严___阵___待

4.把学到的知识运用到实际工作中。　　___学___致___用

5.没有什么言语可以用来表达。　　　　＿＿无＿＿言＿＿表

6.用旧的来换新的。　　　　＿＿旧＿＿换＿＿新

阅读

弈秋

弈秋，通国之善弈者也。使弈秋诲二人弈，其一人专心致志，惟弈秋之为听。一人虽听之，一心以为有鸿鹄将至，思援弓缴而射之，虽与之俱学，弗若之矣，为是其智弗若与？曰："非然也。"

——《孟子·告子上》

1.通：整个，全部。

2.善：善于，擅长。

3.弈：下棋。

4.使：连词，假如，假使。

5.诲：教导，指教。

6.惟：同"唯"，"只"的意思。

7.为：做，这里表示弈秋说的话。

8.一心：全部心思，整个心里想的。

9.至：到。

10.俱：都。

11.弗若：不如，比不上。若：如，像。

12.矣：语气词，表示感叹。

13.故：原因。

14.为：认为。

15.是：这，这个人。指学得不好的人。

16.与：同"欤"，用于句末的疑问语气词。

17.然：这样。

第 十 课
炳 烛 而 学

炳烛而学

课文及今译

晋平公问于师旷曰①："吾年七十，欲学，恐已暮矣。②"

晋平公向师旷询问道："我年纪七十了，想学习，但恐怕已经晚了。"

师旷曰："何不炳烛乎？③"平公曰："安有为人臣

师旷说："为什么不点燃蜡烛来学呢？"平公说："哪里有做别人臣子的

而戏其君乎？④"师旷曰："盲臣安敢戏其君？⑤

却戏弄他的君王呢？"师旷说："眼睛看不见的我怎么敢戏弄大王呢？

臣闻之，少而好学，如日出之阳⑥；壮而好学，

我听说，年轻时喜欢学习，好像太阳刚刚出来时的阳光；壮年时喜欢学习，

如日中之光⑦；老而好学，如炳烛之明⑧。炳烛之明，

好像中午的阳光；老年时喜欢学习，好像点燃蜡烛的光亮。点燃蜡烛的光亮，

孰与昧行乎？⑨"平公曰："善哉！⑩"

和在昏暗中行走比，哪一个更好呢？"平公说："说得好啊！"

刘向《说苑·建本》

117

词语注释

①晋平公：春秋时晋国国君。[名词]

于：向。[介词]

师旷：晋国的乐师。[名词]

晋平公问于师旷曰：晋平公向师旷询问道。

②吾：我。[代词]

年：年龄。[名词]

欲：想要。[动词]

恐：恐怕，表示估计兼担心。[动词]

暮：晚，迟。[形容词]

矣：读音yǐ，用在句末，相当于"了"。[语气词]

吾年七十，欲学，恐已暮矣：我年纪七十了，想学习，但恐怕已经晚了。

③何：为什么。[疑问代词]

炳：本义是"光亮"，这里是名词用作动词，表示"点燃"。[名词]

烛：蜡烛。[名词]

乎：放在句末，表示疑问或反问。[语气词]

何不炳烛乎：为什么不点燃蜡烛来学呢？

④安：怎么，什么地方。[疑问词]

安有：哪有？

为：做。[动词]

人：别人。[名词]

臣：臣子，部下，下属。[名词]

而：表示转折，"却"。[连词]

戏：戏弄，嘲笑。[动词]

其：他的。[代词]

君：君王，大王。[名词]

安有为人臣而戏其君乎：哪里有做别人臣子的却戏弄他的君王呢？

⑤盲：眼睛看不见，瞎子。[名词]

臣：这里的"臣"的意思是在大王面前的自称。

安敢：哪里敢？怎敢？表示反问，意思是"不敢"。

盲臣安敢戏其君：眼睛看不见的我怎么敢戏弄大王呢？

⑥闻：听，听说。[动词]

之：代听到的事情。[代词]

少：读音shào，少年。[名词]

而：连接时间状语。[连词]

好：读音hào，喜爱。[动词]

如：犹如，好像。[动词]

日：太阳。日出：太阳刚刚升起。[名词]

之：的。[助词]

阳：阳光。[名词]

臣闻之，少而好学，如日出之阳：我听说，年轻时喜欢学习，好像
太阳刚刚出来时的阳光。

⑦壮：壮年，中国古人三十岁以上为壮年。[名词]

日中：中午，太阳当头，在人的头顶，就是"中午"。

壮而好学，如日中之光：壮年时喜欢学习，好像中午的阳光。

⑧老：老年。[名词]

明：明亮，光亮。[形容词]

老而好学，如炳烛之明：老年时喜欢学习，好像点燃蜡烛的光亮。

⑨孰：谁，哪一个。[疑问代词]

孰与：意思是"与……比，哪一个更好呢？"。

昧（mèi）：暗，昏暗。[形容词]

行：行走。[动词]

乎：放在句末，表示疑问或反问。[语气词]

炳烛之明，孰与昧行乎：点燃蜡烛的光亮，和在昏暗中行走比，哪一个更好呢？

⑩善：好。[形容词]

哉（zāi）：表示感叹，相当于"啊"。[语气词]

平公曰："善哉！"：晋平公说："说得好啊！"

古语今用举例

我们在这一课学到了现代人常用到的成语"炳烛而学"，同时我们还学到了一些至今还在使用的古汉语词语，如"何""孰"等。

1."何"——什么、怎样的

例（1）当艰难困苦敲你的门，你将做何（什么、怎样的）反应？你会是胡萝卜、鸡蛋还是咖啡豆？

——《现代汉语高级教程》下，第45页

例（2）夸夸其谈的人往往是想回避问题，比如被问及为何（什么）离开原来工作的地方，有的求职者为了回避这个问题，便大谈个人理想抱负，抱怨过去的工作无法发挥自己的才能。

——《发展汉语·高级阅读》（Ⅰ），第14页

例（3）平心而论，繁体字、简体字都是汉字的继承与发展，没有继承谈何（什么）发展？

——《发展汉语·高级阅读》（Ⅰ），第129页

2."孰"——谁

　　例：鱼目A说："只听说过鱼目混珠，孰知你小子弄了个珠混鱼目！"

——《现代汉语高级教程》下，第100页

汉字分析

　　暮："暮"的意思是太阳西下，夜晚来到。这个意思一开始造的字是"莫"。

　　莫："莫"的甲骨文🔣，上下两部分✹✹都表示丛林，中间部分▣表示太阳，意思是太阳隐入了丛林中，夜晚降临了。后来篆文演变为🔣。再后来"莫"被借来表示"没有谁""没有什么"，篆文重新造字就在"莫"的下边加"日"，变为🔣，就是现在使用的"暮"，形容时间较晚，人或事物将结束。

　　臣：甲骨文🔣像一只眼睛向下看，中间的部分表示眼珠的球状▣，意思是低着头看下面，服从听命令。篆文🔣，稍有一点变形，把眼睛的形状🔣写成了🔣。

　　安：甲骨文🔣，篆书🔣，上面是宀，像房屋；宀下有女，像女子端坐在房屋里。有安静、安全、安逸的意思，又因为男人娶了妻才能安居乐业，所以又表示"安定"的意思。后来借用来表示疑问。

语言知识

　　在本课中出现了"何""安""孰"三个词，它们都是古代汉语中表示疑问的代词。

一、疑问代词"何"的意思和用法

"何"的两种用法：

1.跟现代汉语的"什么"相当，如：

　　（1）何罪之有？（《墨子·公输》）——有什么罪？

如今在正式的书面语中还保留着"何"的用法，如：

（2）何时何地？——在什么时候什么地方？

2."何"相当于"为什么""怎么"，表示反问。有时与疑问语气词"乎"一起构成反问句，如本课中的句子：

（3）何不炳烛乎？——为什么不点燃蜡烛学习呢？

其中"何"作状语，表示"为什么"或"怎么"。

又如：

（4）父曰："何以击鸦？"

——父亲问："为什么打乌鸦呢？"

（5）人不能知吉凶，鸟何以能知之？

——人不能够知道吉凶，鸟怎么知道？

二、疑问代词"安"的意思和用法

"安"常常用来问人或物存在的地方，相当于现代汉语的"哪里"，如：

（1）固一世之雄也，而今安在哉？"（苏轼《前赤壁赋》）

——本来是一代枭雄，但今天在哪里呢？

"安"也常常用来表示反问，相当于"怎么"，本课中的"安"就是这种用法：

（2）安有为人臣而戏其君乎？

——哪里有当君王的臣子却嘲笑君王的呢？

（3）盲臣安敢戏其君？

——盲眼的我怎么敢戏弄大王呢？

还比如：

（4）燕雀安知鸿鹄之志哉？（《史记·陈涉世家》）

——燕雀怎么能知道鸿鹄的志向呢？

三、疑问代词"孰"的意思和用法

"孰"的意思是"谁""什么""哪一个"，常用在作比较的句子中，有时候跟"与"合用，表示"跟……比，哪一个更……"。如在本课中的：

（1）炳烛之明，孰与昧行乎？

——有蜡烛的光亮，与在昏暗中行走，哪一个更好呢？

又比如：

（2）吾与徐公孰美？（《战国策·邹忌讽齐王纳谏》）

——我和徐公相比，谁更美呢？

练习

一、根据课文的内容回答问题。

1.晋平公在七十岁的时候想学习，可是他有什么担心？

2.师旷给晋平公出了一个什么主意？

3.师旷怎么比喻人在各个年龄段的学习？

二、翻译下列句子，并指出加点词语的意思。

1.晋平公问于师旷。

2.吾年七十，欲学，恐已暮矣。

3.何不炳烛乎？

4.安有为人臣而戏其君乎？

5.少而好学，如日出之阳。

6.炳烛之明，孰与昧行乎？

三、解释下列句中加点词语的意思。

1.我们今天分别后，恐怕很难再见面了！

2.当孩子长大成人，父母就进入了暮年。

3.嘲笑别人，戏弄他人的行为是缺乏教养的表现。

4.这孩子少不更事，给您添了不少麻烦，还请见谅!

5.如果不学习，没有文化，那将是一个愚昧的人。

四、解释下列成语中加点词及整个成语的意思。

1.随心所欲　　　　　欲:

2.争先恐后　　　　　恐:

3.盲人摸象　　　　　盲:

4.举世闻名　　　　　闻:

5.好逸恶劳　　　　　好:

6.少壮不努力，老大徒伤悲　　　　壮:

7.尽善尽美　　　　　善:

五、用本课学的语法知识把下列句子翻译成现代汉语，注意加点的词语。

1.梦里不知身何处？

2.何不潇洒走一回？

3.安得广厦千万间？

4.子欲养而亲安在？

5.人非圣贤，孰能无过？

六、根据下面句子的意思，把"之"放在合适的位置。

1.人一出生就知道　　　　　____生____而____知____

2.君子之间的交往　　　　　____君____子____交____

3.没有价格的十分珍贵的东西　____无____价____宝____

4.像火烧眉毛那样的紧急　　　____燃____眉____急____

5.老天宠爱的人　　　　　　　____天____骄____子____

6.公开的或不加掩饰的　　　　____堂____而____皇____

阅读

画蛇添足

楚有祠者，赐其舍人卮酒，舍人相谓曰："数人饮之不足，一人饮之有余，请画地为蛇，先成者饮酒。"一人蛇先成，引酒且饮之，乃左手持卮，右手画蛇曰："吾能为之足。"未成，一人之蛇成，夺其卮曰："蛇固无足，子安能为之足？"遂饮其酒。为蛇足者，终亡其酒。

——《战国策》

1.赐：上司给下属，赏赐。

2.谓：说。

3.画地：在地上画。

4.为：做。这里是"画"的意思。

5.引：拿起，端起。

6.且：准备，将要。

7.乃：却。

8.持：手里拿着。

9.为：介词，给，替。

10.固：本来。

11.子：您。

12.安能：怎么能？

13.亡：丢失，失去。

第十一课
曾参教子

曾参（shēn）教子

课文及今译

曾子之妻之市①，其子随之而泣②，其母曰："女还，
曾参的妻子到集市上去，她的儿子跟在后面哭，孩子母亲就说："你回去吧，

顾反为女杀彘。③"妻适市来，曾子欲捕彘杀之④。
等我回来以后给你宰一头猪吃。"妻子从集市上回来了，曾子想抓一头猪来杀了。

妻止之曰："特与婴儿戏耳。⑤"曾子曰："婴儿与非戏也，
妻子制止他说："我只不过跟孩子开个玩笑罢了。"曾子说："不能跟孩子开玩笑，

婴儿非有知也⑥，待父母而学者也，听父母之教⑦，今子欺之，
孩子没有判断力，依靠父母来学习，听从父母的教导。现在你欺骗他，

是教子欺也⑧。母欺子，子而不信其母，非所以
这就是教他骗人。母亲欺骗孩子，孩子就不会相信母亲了，这不是用来

成教也。⑨"遂烹彘也。⑩
把孩子教育好的方法。" 于是，曾子就杀了猪把它煮了。

《韩非子·外储说左上》

词语注释

①曾子：对曾参的尊称，曾参是孔子的学生。

之：的。[助词]（"曾参之妻"的"之"）

之：到……去，往。[动词]（"曾子之妻之市"中的第二个"之"）

曾子之妻之市：曾参的妻子到集市上去。

②其：他的/她的。[代词]

随：跟在后面。[动词]

之：她。[代词]

泣：小声哭。[动词]

其子随之而泣：她的孩子跟在后面哭。

③其：他/她的。[代词]

母：母亲。[名词]

女：读音rǔ，与"汝"相通。是第二人称代词，你。[代词]

还：读音huán，回去，回家，返回原来的地方。[动词]

顾：回头看。[动词]

反：与"返"相通，回去的意思。[动词]

顾反："顾"和"反"合起来用，表示"回来"。[动词]

彘：读音zhì，猪。[名词]

其母曰："女还，顾反为女杀彘"：孩子母亲就说："你回去吧，等我回来以后给你宰一头猪吃。"

④适：到，去。[动词]

来：回来。[动词]

欲：想。[动词]

捕：捉；逮。[动词]

止：制止，阻止。[动词]

妻适市来，曾子欲捕彘杀之：妻子从集市上回来了，曾子想抓一头猪来杀了。

⑤特：只是，仅，只不过。[副词]

　婴儿：孩子，年幼的人。

　戏：开玩笑。[动词]

　耳：罢了。[语气词]

　妻止之曰："特与婴儿戏耳"：妻子制止他说："我只不过跟孩子开个玩笑
　　　　　　　　　　　　　　　　　　　　　罢了。"

⑥非：不要，不是。[副词]

　也：表示判断，相当于"是"。[句末语气词]

　知：通"智"，智慧。这里指判断力。[名词]

　婴儿非与戏也，婴儿非有知也：不能跟孩子开玩笑，孩子没有判断力。

⑦待：依靠。[动词]

　者：放在主语后面，引出判断。意思是"……学习的人，是……"
　　[代词]

　教：教育，教导。[动词]

　待父母而学者也，听父母之教：依靠父母来学习，听从父母的教导。

⑧今：现在。[名词]

　子：你。[代词]

　欺：欺骗。[动词]

　是：这。[代词]

　也：放在句末，表示判断。相当于现代汉语的"是"。[语气词]

　今子欺之，是教子欺也：现在你欺骗他，这就是教他骗人。

⑨子：孩子。[名词]

　而：则，就。表示顺连关系。[连词]

　信：相信，信任。[动词]

　其：他的，她的。[代词]

　非：不是。[副词]

以：用来。[介词]

成：成功的，好的。[形容词]

母欺子，子而不信其母，非所以成教也：母亲欺骗孩子，孩子就不会相信母亲了，这不是用来把孩子教育好的方法。

⑩遂：于是。[连词]

烹：煮。[动词]

遂烹彘也：于是，曾子就杀了猪把它煮了。

古语今用举例

我们在这一课学到了古人"曾参教子"的方法，同时我们还学到了一些至今还在使用的古汉语词语，如"非""顾""随"等。

1."非"——不是

例（1）非（如果不是）严华君妙达精微，险些误之，可见医道无边，而究其理惟辩证变通耳。

——《现代汉语高级教程》下，第59页

例（2）此外，简体字也绝非（绝对不是）毫无艺术可言，一些硬笔书法字帖，写的是简体字，但同样工整秀丽，很有欣赏价值。

——《发展汉语·高级阅读》（Ⅰ），第54页

例（3）一些有影响的政界、学界人士倡导"识繁书简"，也就是能够认识繁体字，但书写还是用简体字，我颇有同感。这是个好主意！它跳出了非此即彼（不是这个就是那个）的观点，没有走极端。

——《发展汉语·高级阅读》（Ⅰ），第129页

2."随"——跟着、随着

例（1）粮食增加，引起粮食价格降低，人们的生活成本随之（跟随着粮食增加）下降，所以人口的数量不断地增长。

——《发展汉语·高级阅读》（Ⅰ），第112页

例（2）科学分析表明，茶叶含钾较多，钾是人体内重要的微量元素，钾能维持神经和肌肉的正常功能。钾容易随汗水排出，温度适宜的茶水应该是夏季首选饮品。

——《发展汉语·高级阅读》（Ⅰ），第115页

3."顾"——回头看

例（1）娘，您起身奔往真主的天堂之际，请回眸一顾，听儿一言：谢谢您从母爱醴泉赐儿的点点滴滴幸福水，祈盼慈母魂魄来入梦……

——《现代汉语高级教程》下，第81页

例（2）当一个人专业素养不够的时候，会缺乏足够的判断力，很容易错过眼前事物中的精华，甚至误以为它没什么用，不屑一顾。

——《发展汉语·高级阅读》（Ⅰ），第3页

汉字分析

婴：古文字𤪙，上面部分𤪙表示用许多贝壳串起来的项链，下面部分𤪙，后写作𤪙，表示女人用贝壳做的项链来装饰自己，因为古代的贝是十分珍贵的东西。后来这个字用来表示初生的婴儿。

顾：金文𤪙像一只鸟环视四周的样子，篆体写作𤪙，表示回头看或转头看的意思。回头看往往表现关注，客人去一个商店买东西，表明客人对这个商店关注，店主希望客人来买东西，因此称客人为"顾客"，对到店的客人表示欢迎或谢谢说"惠顾"或"光顾"。

在本课中"顾"的意思引申为"回去"，与"返"的意思相同，"顾返"合起来使用，叫同义连用，这是古汉语中的一种常见现象，这种现象

一直保存下来，保留在现代汉语中。比如"贫乏""喧哗""诛杀"等。

止：古文字ᵕ，是左脚或右脚的形象。本义是人的脚。人停止行动时，脚就站住不动了，因此"止"就有了"停止"意思。后来为了区别就在"止"旁加"足"，构成"趾"，表示原义"脚"。

语言知识

一、"之"的动词用法

古代汉语中"之"除了用作代词，还有动词的用法。"之"作动词用的时候，后面一般跟一个地点名词，前面有人名或人称代词，整个句子的格式为"某人到某地去"的句式。例如我们在本课学到的句子：

（1）曾子之妻之市——曾子的妻子到市场去。

又例如：

（2）送孟浩然之广陵（李白《送孟浩然之广陵》）

  ——送孟浩然到广陵去。

（3）尝与人佣耕，辍耕之垄上。（司马迁《史记·陈涉世家》）

  ——曾经跟别人一起被雇用给地主耕地，停止耕地到田埂高

  地上休息。

二、否定副词"非"

在本课所遇到的否定词"非"分别在三个句子中出现，这三个句子中的"非"相当于现代汉语的"不要""别""不是"。如：

（1）婴儿非与戏也

  ——不要跟孩子开玩笑。（换一个说法是：孩子是不能跟

  他开玩笑的，因为他会当真。）

（2）婴儿非有知也

  ——孩子不是有智慧的人。（意思是：孩子没有什么判断力。）

（3）非以成教也——这不是用来把孩子教育好的方法。

现代汉语中的一些四字格仍然保留了这样的用法和词义。如：

（4）面目全非

　　　——面孔变得完全不是原来的样子。形容事物变化很大。

（5）非此即彼——不是这个，就是那个。

三、连词"而"的用法（二）

在古代汉语中，"而"除了我们已经学过的连接有先后次序和转折关系的两部分外，在本课我们还学到了"而"把表示时间、方式、目的、原因、依据等的成分连接到动词上。例如：

（1）曾子之妻之市，其子随之而泣。

　　　——曾子的妻子到集市上去买东西，她的孩子跟在后面哭。

在这句话中，"而"连接的是孩子在"跟"和"泣"两个行为上是同时的伴随关系，即一边走一边哭。

（2）婴儿非有知也，待父母而学者也。

　　　——孩子没有判断力，是依靠父母来学习的。

这句话中，"而"把孩子依靠父母来学习的方式与学习连接起来。

（3）母欺子，子而不信其母。

　　　——母亲欺骗孩子，孩子就不会相信母亲了。

在这句话中，"而"把"母欺子"这个原因连接到"子不信其母"这个结果上，表达因果关系，相当于现代汉语的"因而"。

练习

一、根据课文的内容回答问题。

1.曾子的妻子对孩子说了什么？

2.妻子为什么不让曾子杀猪?

3.曾子为什么一定要杀猪?

二、翻译下列句子，并指出加点词语的意思。

1.曾子之妻之市。

2.女还，顾反为女杀彘。

3.特与婴儿戏耳。

4.待父母而学者。

5.是教子欺也。

6.非所以成教也。

三、解释下列句中加点词语的意思。

1.有了电子商务，农民们采摘下来的苹果不用送到集市去卖了，直接就可以装箱发往全国。

2.主人走在前边，小狗随其后，可是到了超市门口小狗却不能进去。

3.回顾自己留学的经历，有许多难忘的人和事留在了记忆的深处。

4.生活在海边的渔民以捕鱼为生，海鲜就是他们的家常菜。

5.没想到一时戏言却把她惹生气了。

6.这家小店买卖公平，童叟无欺，很受顾客信赖。

四、解释下列成语中加点词及整个成语的意思。

1.随风飘荡　　　　随：

2.泣不成声　　　　泣：

3.告老还乡　　　　还：

4.反老还童　　　　反：

5.左顾右盼　　　　顾：

6.捕风捉影　　　　捕：

7.君无戏言　　　　戏：

8.自欺欺人　　　　欺：

9.互信互利　　　　信：

五、根据下面句子的意思，把否定词"非"放在合适的位置。

1.好像是对的，实际上不对。　　____似____是____而____

2.东西还是原来的东西，可是人已经不是原来的人了。

　　　　　　　　　　　____物____是____人____

3.好像懂，又好像不懂。　　____似____懂____懂____

4.不是这个，便是那个。　　____此____即____彼____

5.回答的并不是对方问的答案。　____所____答____所____问____

六、根据下面句子的意思，把"而"放在合适的位置。

1.非常快乐，竟忘记回家了。　　乐____忘____返

2.（事情、道理）非常明显，很容易看清楚。

显___易___见

3.心里明白，不愿说出来，只是微笑。

笑___不___语

4.从天上降下来，比喻突然出现。　　　从___天___降

5.选择好的（意见或方法），然后按照好的做。

择___善___从

阅读

刻舟求剑

楚人有涉江者，其剑自舟中坠于水。遽契其舟，曰："是吾剑之所从坠。"舟止，从其所契者入水求之。舟已行矣，而剑不行，求剑若此，不亦惑乎！

——《吕氏春秋》

1.涉：渡。

2.自：介词，从。

3.舟：船。

4.坠：落，掉。

5.遽：急忙，立刻。

6.契：用刀刻。

7.是：这，这是。

8.所：地方。

9.行：行驶，移动。

10.若：像。

11.惑：糊涂，迷惑。

12.不亦……乎：一种委婉的反问句式。

第十二课
塞翁失马

塞 翁 失 马 ①

课文及今译

近 塞 上 之 人, 有 善 术 者②, 马 无 故
靠近边境一带居住的人中，有一个擅长推测吉凶的人，他家的马无缘无故

亡 而 入 胡③。人皆吊之，其 父 曰：“此何遽不为福乎?④”
跑到了胡人的住地。人们都去安慰他，而那位老人说：“这怎么就不能是一件好事呢?”

居数月，其 马 将 胡 骏 马 而 归⑤。人皆贺之，其父曰：“此
过了几个月，丢失的那匹马带着胡人的好马回来了。人们都来祝贺他，那位老人说：“这

何 遽 不 能 为 祸 乎?⑥”家 富 良 马，其 子 好 骑，
怎么就不能是一件坏事呢？”这个人家里有很多好马，他的儿子喜欢骑马，

堕 而 折 其 髀⑦。人 皆 吊 之，其 父 曰：“此何遽
结果从马上掉下来摔断了大腿骨。人们又都去安慰他，而那位老人说：“这怎么就

不 为 福 乎?”居一年，胡人大入塞，丁 壮 者 引 弦 而 战⑧。
不能是一件好事呢？”过了一年，胡人大举进攻边塞，壮年男子都拿起弓箭去作战。

近 塞 之 人，死 者 十 九⑨。此 独 以 跛 之 故，父 子 相 保⑩。

靠近边境一带的人，绝大部分都死了。唯独这个人因为腿瘸，父亲和儿子都保全了性命。

刘安《淮南子·人间训》

词语注释

①塞：边塞。[名词]即边境地区。

翁：老头儿，老大爷。[名词]

塞翁：住在边塞的老人。

失：丢失。[动词]

塞翁失马：住在边塞上的一个老人丢失了一匹马。

②近：靠近。[动词]

之：的。[助词]

善：擅长。[动词]

术：术数。推算未来吉凶，即推测人可能会遇到的好事或坏事。术，原义是道路，引申为方法，技术。数，是事物的量，指命运。[动词]

者：人。[名词]

近塞上之人，有善术者：靠近边境一带居住的人中，有一个擅长推测吉凶的人。

③故：原因。[名词]

亡：逃跑，丢失。[动词]

入：进入。[动词]

胡：指长城外的少数民族地区。[名词]

马无故亡而入胡：他家的马无缘无故跑到了胡人的住地。

④皆：都。[副词]

吊：读音diào，慰问。[动词]

其：那位，那个。[代词]

父：读音fǔ，对老人的尊称。[名词]

曰：说。[动词]

此：这，这个。[代词]

何：怎么。[疑问代词]

遽：读音jù，就。[副词]

为：是。[动词]

福：幸福，这里指好的事情。[名词]

乎：语气词，用在句末，表示疑问或反问。

人皆吊之，其父曰："此何遽不为福乎？"：人们都去安慰他，而那位老人说："这怎么就不能是一件好事呢？"

⑤居：放在表时间的词前，表示相隔一段时间。[动词]

数：几，几个。表示不确定的数目。[数词]

将：读音jiàng，带领。[动词]

骏：好马。[名词]

归：回。[动词]

居数月，其马将胡骏马而归：过了几个月，丢失的那匹马带着胡人的好马回来了。

⑥贺：祝贺。[动词]

之：他。[代词]

祸：灾，坏事。[名词]

人皆贺之，其父曰："此何遽不能为祸乎？"：人们都来祝贺他，那位老人说："这怎么就不能是一件坏事呢？"

⑦家：家中，家里。这里是名词作状语。[名词]

富：富有，有很多。这里是形容词用作动词。[形容词]

良：好。[形容词]

子：儿子。[名词]

好：喜欢。[动词]

骑：骑马。[动词]

堕：掉下来。[动词]

折：断。这里是摔断的意思。[动词]

髀：读音bì，大腿骨。[名词]

家富良马，其子好骑，堕而折其髀：这个人家里有很多好马，他的儿子喜欢骑马，结果从马上掉下来摔断了大腿骨。

⑧居：放在时间词前，表示相隔一段时间。[动词]

大：大举。[副词]

入：进入，这里是"进攻"的意思。[动词]

丁：成年男子。[名词]

壮：结实，健壮。[形容词]

引：拉开。[动词]

弦：读音xián，弓弦，这里指弓箭。[名词]

战：战斗。[动词]

居一年，胡人大入塞，丁壮者引弦而战：过了一年，胡人大举进攻边塞，壮年男子都拿起弓箭去作战。

⑨近：靠近。这里是形容词用作动词。[形容词]

十九：十分之九，表示绝大部分的意思。

近塞之人，死者十九：靠近边境一带的人，绝大部分都死了。

⑩独：唯独，只有。[副词]

以：表示原因，可译为"因为"。[介词]

跛：读音bǒ，瘸qué，腿有毛病，站不稳。[动词]

之：的。[助词]

故：缘故。[名词]

相：互相，两个。[副词]

保：保全性命。[动词]

此独以跛之故，父子相保：唯独这个人因为腿瘸，父亲和儿子都保全了

性命。

古语今用举例

我们在这一课学到现代人常用到的成语"塞翁失马"，同时我们还学到了一些至今还在使用的古汉语词语，如形容词用作动词、"皆""此""以""相"。

1.形容词用作动词

例：母亲对她说："保送就是高看（抬高来看，重视）一眼，还能牵着不走，打着倒退？……"

——《现代汉语高级教程》下，第78页

2."皆"——都

例（1）不管有没有文化的女性，都可以称丈夫为"老公"，"老公"逐渐成了一个家喻户晓、人人皆用的称呼。

——《发展汉语·高级阅读》（Ⅰ），第28页

例（2）可见金庸作品《笑傲江湖》里的人物在越南也几乎是人人皆知了。

——《发展汉语·高级阅读》（Ⅰ），第37页

3."此"——这、这个

例（1）刀削面全凭刀削，因此得名。

——《发展汉语·高级阅读》（Ⅰ），第7页

例（2）吃东西时，咀嚼和吞咽运动可以使人紧张和焦虑的注意力得到有效的转移，从而暂时忘记了烦恼。但此法对于那些想保持完美身材的女士们来说可要慎用。

——《发展汉语·高级阅读》（Ⅰ），第24页

例（3）看来，"老公"也不是一个人人满意的称呼。其实对此有不同的观点很自然。

——《发展汉语·高级阅读》（Ⅰ），第28页

例（4）1979年此书一出版，就轰动了学术界，此后多次再版，成了学者们书架上的必备书。

——《发展汉语·高级阅读》（Ⅰ），第32页

4."以"——依据

例：他们以（依据）自己独特的眼光关注电影，以（依据）自己激情和理性的思考关心国产电影的发展。

——《发展汉语·高级阅读》（Ⅰ），第15页

5."相"——互相、两个

例（1）古时候，长安人送别亲友，一般都要送到灞桥，并折下桥头柳枝相赠。久而久之，便成了一种特有的习俗。

——《发展汉语·高级阅读》（Ⅰ），第41页

例（2）有位建筑学家写文章描绘这些石狮子：有的昂首挺胸，仰望云天；有的双目凝神，注视桥面；有的侧身转首，两两相对，好像在交谈……

——《发展汉语·高级阅读》（Ⅰ），第41页

汉字分析

马：古文字像马的形状，后来又写成，逐渐变成，最后按照草书简化成"马"。由于人骑马（骑在马背上）行走做事比自己走路快，所以"骑在马背上"简化成"马上"表示"立刻"，很快的意思。

父：古文字像手拿石斧的样子，后变成，本来是今天我们说的斧头的"斧"。由于最早手拿石斧辛苦劳作的都是成年男子，因此"父"又借指成年男子。课文中的"其父曰"就是这个意思，成年男子中的老人，也就是老翁。后来进入了父系社会，"父"就专指父亲了，于是在"父"下面加一个"斤"，写作"斧"，表示它原来的意思斧头。

弦：是由"弓"和"玄"组合起来的。弓是用来射箭的武器。古文字形像弓，后写作，最后写作"弓"。在弓上添加符号"○"，表示弦所在的地方，于是就组成，后写作"弦"，意思是箭已经在弦上了，马上就要开战，课文中"引弦而战"就是这个意思。后来也用来比喻事情发展到了不得不做、话到了不得不说的地步。

语言知识

一、词类活用（二）

我们在本课又学到了一种词类活用——形容词用作动词。

在古代汉语中，形容词活用为动词的现象也很多。形容词活用作动词后，仍与原来的意义保持着密切的联系。用现代汉语来翻译这种动词化了的形容词，一般翻译为动补结构，例如我们在本课学到的句子：

（1）近塞上之人，有善术者。

——靠近边境一带居住的人中有一个擅长推测吉凶的人。

原来的形容词"近"活用后的意思是"靠近"，这是一个动补结构，同时保持了跟"近"的联系。

又如：

（2）欲穷千里目，更上一层楼。（王之涣《登鹳雀楼》）

——如果想把千里的风光都看够，那就要登上更高一层城楼。

句中的"穷"是"完"或"够"的意思，动化以后为"看完"或"看够"。

（3）孔子登东山而小鲁，登泰山而小天下。（《孟子·尽心上》）

——孔子登上鲁国的东山，（觉得）鲁国变小了，登上泰山，（觉得）整个天地都变小了。

句中的"小"动化以后为"变小"。

二、介词"以"的用法（二）

我们已经学过介词"以"的用法是介绍出动作行为的依据、方式等，介词"以"的用法还有介绍出动作行为的原因。本课中有这样的句子：

（1）此独以跛之故，父子相保。

——唯独这个人因为腿瘸，父亲和儿子都保全了性命。

这句话中，"以"与后面的"……之故"呼应，更加强调原因。

又如：

（2）且以一璧之故，逆强秦之欢，不可。（《史记·廉颇蔺相如列传》）

——况且因为一块美玉，违背强大的秦国的意愿，不可以。

在有的句子中，不一定有表示原因"……之故"与"以"呼应，但语境十分明显有因果关系，例如：

（3）不以物喜，不以己悲。（范仲淹《岳阳楼记》）

——不因为得到外物而高兴，（也）不因为自己失去什么而悲伤。

三、古代汉语中分数的表示法和虚指

在古汉语中，如果两个或三个数字并列出现，这两个或三个数字中头一个数大，后面的数小，而且头数为"十""三""五"，这是分数的表示法，意思是几分之几。例如本课出现的：

（1）近塞之人，死者十九。

这句话中的"十九"，意思是十分之九。也就是十个人里有九个人死了。又如：

（2）而戍死者十六七。（司马迁《史记·陈涉世家》）

——然而去戍边的人十分之六七都死了。

另外，古代汉语中的数词往往不一定是表达准确的数量，而是表达一个大概的数量范围，是一种虚指意义。一般情况是："三"以下的数表示"少"，"三"或"三"以上的数表示"多"，数字越大越多，例如本课的"近塞之人，死者十九"中的"十九"，表示的不是准确的"十个人里有九个人死了"，而是"绝大多数的人死了"。

练习

一、根据课文的内容回答问题。

1.当塞翁的马丢了以后，他是怎么想的？

2.当塞翁的马带着胡人的好马回来的时候，他又是怎么想的？

3.塞翁失马的故事说明什么道理？

二、翻译下列句子，并指出加点词语的意思。

1.近塞上之人，有善术者。

2.马无故亡而入胡。

3.人皆吊之。

4.其父（fǔ）曰："此何遽（jù）不为福乎？"

5.居数月，其马将胡骏马而归。

6.家富良马，其子好骑，堕而折其髀（bì）。

7.居一年，胡人大入塞，丁壮者引弦而战。

8.近塞之人，死者十九。

9.此独以跛之故，父子相保。

三、解释下列句子中加点词语的意思。

1.学生在上学期间不可以无故旷课和迟到。

2.一连数日都是闷热的桑拿天气，酷暑难耐！

3.他家女儿考上大学了，亲戚朋友，同事邻居都来贺喜！

4.不着急，时间还有富余。

5.听说老虎喜欢独自行动，常常独来独往。

四、解释下列成语中加点词语及整个成语的意思。

1.塞翁失马　　　翁：

2.无缘无故　　　　故：

3.亡羊补牢　　　　亡：

4.皆大欢喜　　　　皆：

5.因祸得福　　　　福：

6.学富五车　　　　富：

五、根据下面句子的意思，把"以"放在合适的位置。

1.事物因稀少而觉得珍贵。　　　　____物____稀____贵____

2.不因为得到外物而高兴。　　　　____不____物____喜____

3.不因为自己失去什么而悲伤。　　____不____己____悲____

六、请用双音节词的动补结构翻译下列句子中加点的词。

1.近塞之人，死者十九。　　　　近：

2.商人重利轻别离。　　　　重：　　　　轻：

3.春风又绿江南岸。　　　　绿：

4.君子远庖厨（厨房）。　　　　远：

阅读

匡衡勤学

匡衡字稚圭，勤学而[1]无烛，邻居有烛而不逮。衡乃穿壁引其光，以书映光而[2]读之。邑人大姓文不识，家富多书，衡乃与其佣作而不求偿。主人怪问衡，衡曰："愿得主人书遍读之。"主人感叹，资给以书，遂成大学。

——《西京杂记》

1.勤学：勤奋好学。

2.而[1]：但是。

3.乃：于是。

4.穿壁：凿、打通墙壁（在墙上挖一个洞）。

5.而[2]：连词，连接方式状语。

6.偿：报酬。

7.怪：觉得奇怪。

8.遍读：通读，把全部书都读一遍。

9.资给：资助，供给。

10.大学：大学问家。

第十三课
《论语》选段

《论语》选段

课文及今译

（一）

子曰：学而时习之，不亦说乎？①有朋自远方来，

孔子说：学习之后时常复习，不也是很高兴的事吗？有朋友从远方来，

不亦乐乎？②人不知而不愠，不亦君子乎？③

不也是很快乐的事吗？别人不了解自己，但是自己也不生气，不也是道德高尚的人吗？

（二）

子曰："由，诲女知之乎？④知之为知之，不知为

孔子说："由，教给你的东西都明白了吗？知道就是知道，不知道就是

不知，是知也。⑤"

不知道，这就是智慧。"

（三）

子曰："三人行，必有我师焉⑥。择其善者

孔子说："几个人在一起做事，其中一定有可以做我老师的人。选择他们的优点

而从之，其不善者而改之。"⑦

来学习，对于他们的缺点，如果自己有的话就要改正。"

(四)

子贡曰："孔文子何以谓之'文'也？"⑧子曰："　　敏

子贡问："孔义子因为什么被称为'文'？"孔子说："他理解问题快

而好学，不耻下问⑨，是以谓之'文'也。"⑩

而且喜欢学习，不认为向不如自己的人请教是可耻的事，因此称他为'义'。"

词语注释

①子：对男子的尊称。在《论语》中的"子"都是尊称孔子。[代词]

学：学习。[动词]

而：然后。表示时间上的顺承。[连词]

时：时常。[副词]

习：反复地学，也就是"复习"的意思。[动词]

之：代指学习的内容。[代词]

亦：也。[副词]

说：读作yuè，跟"悦"相通，"高兴"的意思。[形容词]

乎：表示疑问。[语气词]

子曰：学而时习之，不亦说乎：孔子说：学习之后时常复习，不也是很高兴的事吗？

②朋：朋友。[名词]

自：从。[介词]

远方：远的地方。

乐：愉快、快乐。[形容词]

有朋自远方来，不亦乐乎：有朋友从远方来，不也是很快乐的事吗？

③人：别人。[代词]

知：知道，了解。[动词]

愠：读音yùn，生气，不高兴。[形容词]

君子：道德高尚的人。[名词]

人不知而不愠，不亦君子乎：别人不了解自己，但是自己也不生气，
不也是道德高尚的人吗？

④由：人名，孔子的一个学生，姓仲，名由，字子路。

诲：读huì，意思是教、教导。

女：读rǔ，跟"汝"相通，"你"的意思。[代词]

知：知道。[动词]

之：代指教的知识。[代词]

乎：表示疑问，相当于"吗"。[语气词]

由，诲女知之乎：由，教给你的东西都明白了吗？

⑤为：读wéi，"是"的意思。[动词]

是：这。[代词]

知：读音zhì，跟"智"相通，智慧。[名词]

知之为之，不知为不知，是知也：知道就是知道，不知道就是不知
道，这就是智慧。

⑥三：不表示确定的"三"，表示多数。

三人：几个人。

行：走路，这里比喻做事。[动词]

必：一定。[副词]

焉：读yān，在这里。[代词]

三人行，必有我师焉：几个人在一起做事，其中一定有可以做我老师的人。

⑦择：选择。[动词]

其：他们的。[代词]

善：好。[形容词]

者：……的方面。[代词]

从：跟随。这里的意思是"向……学习"。[动词]

改：改正。[动词]

择其善者而从之，其不善者而改之：选择他们的优点来学习，对于他们的缺点，如果自己有的话就要改正。

⑧子贡：孔子的学生。姓端木，名赐，字子贡。

孔文子：卫国大夫，名圉（yǔ），"文"是他死后，后人给他的称号。

文：指文采。形容举止文雅，态度从容不迫。

何以：是"以何"的倒装，意思是"凭什么？"或"因为什么？"

谓：叫作。[动词]

之：指孔文子。[代词]

子贡曰："孔文子何以谓之'文'也？"：子贡问："孔文子因为什么被称为'文'？"

⑨敏：迅速，敏捷。这里指理解问题快。[形容词]

好：读音hào，喜欢。

耻：羞愧、羞辱。[形容词]

不耻：不认为……是耻辱。这里是意动用法。

下：下面的，这里名词作状语。[名词]

下问：表示向学识、地位不如自己的人请教。

子曰："敏而好学，不耻下问"：孔子说："他理解问题快而且喜欢学习，不认为向不如自己的人请教是可耻的事。"

⑩是：这。[代词]

以：表示原因。[介词]

是以：是"以是"的倒装，表示因为这个，因此。

是以谓之"文"也：因此称他为"文"。

古语今用举例

我们在本课学到了古代汉语中的"为""行""敏"等，它们的意思和用法还保留在今天使用的现代汉语中。

1."为"——是、做

例（1）在"国产电影不景气的原因"一项的调查中，54%的人认为影片的质量差是首要原因。同时依次排序为（是）：电视的冲击（43%）、美国大片的冲击（43%）、盗版现象严重（31%）、宣传力度不够（24%）。

——《发展汉语·高级阅读》（Ⅰ），第16页

例（2）著名学者、作家钱钟书，被誉为（做）"文化昆仑"。

——《发展汉语·高级阅读》（Ⅰ），第32页

例（3）成语、俗语也是这样，虽然语素多了，可以互为（做）语境，表达一个比较明确的意思……

——《现代汉语高级教程》下，第151页

2."行"——走路

例（1）他足有一米八的个头，浑身肉特别厚实，走路如同熊行。

——《现代汉语高级教程》下，第46页

例（2）赵州桥的设计有许多独到之处：50米长的赵州桥，桥面坡度不打，十分便于车马、行人（走路的人）上下。

——《发展汉语·高级阅读》（Ⅰ），第41页

3."敏"——疾速

例：这是因为，语汇反映社会生活的变化最快、最敏感，它随着社会生活（包括日常生活、政治生活、科学生活等）的变化而不断发展变化，可以说是瞬息万变。

——《现代汉语高级教程》下，第151页

汉字分析

子：古文字🖐，表示包裹着的，头大身子小的婴儿，所以"子"的本义是"幼小的儿女"。由于贵族的"子"尊贵，还有殷代"子"姓很显赫，于是人们附加给"子"尊敬的意思，成为尊称。

习：甲骨文🖐，上面部分🖐，像鸟的羽毛，表示鸟的翅膀，下面部分▢像鸟窝，整个意思表示小鸟在鸟窝里振动翅膀练习飞行。由于篆文写成🖐，发展到后来繁体写作"習"，简体写成"习"。意思由多次振翅发展为"反复练习"，现代汉语中的复习、补习、温习等仍保留了这个意思。

朋：甲骨文🖐，像两串用丝线穿起来的贝或玉（古代的钱币）。篆文🖐（鹏）代替了🖐（朋），而且用🖐（并列的羽毛）来强调并列的含义。后来甲骨文在🖐上加一个🖐（人），形成一个新字🖐（倗），表示两个品行优良的人结交，成为朋友。古书中，常常用"朋"代替"倗"，于是我们今天就用"朋友"了。

语言知识

一、"何以"的意思和用法

"何以"的意思是"因为什么"或"凭什么"，是"以何"的倒装。如本课出现的"孔文子何以谓之'文'也？"，其中的"何以"是"以何"的倒装，可以翻译为"为什么"或"因为什么"。又比如：

（1）多多益善，何为为我禽？（《史记·淮阴侯列传》）

——越多越好，为什么被捉住了呢？

其中的"何为"是"为何"的倒装，意思也是"为什么"或"因为什么"。

在古代汉语中，疑问代词作介词的宾语时，一般要放在介词的前边，叫介宾倒装。又比如：

（2）微斯人，吾谁与归？（《岳阳楼记》）

——如果没有这种人，我同谁一路呢？

其中的"谁与"是"与谁"的倒装，意思是"同谁"或"和谁"。

二、意动用法

古代汉语的意动用法就是形容词或名词用作动词。

（一）形容词的意动用法

当形容词用作动词时表示人的看待、评价。一般翻译为"认为……"或"觉得……"，或者直接用一个动词来翻译。如本课出现的"（孔文子）不耻下问"，其中的"耻"是形容词，在这里用了动词，即"认为是耻辱"或"认为可耻"。整句话的意思是：（孔文子）不认为向比自己地位低的人请教问题是耻辱的事情。又如：

（1）孔子登东山而小鲁，登泰山而小天下。（《孟子·尽心下》）

——当孔子登上东山，觉得鲁国变小了，登上泰山，觉得
天下变小了。

"小"原为形容词，这里用作意动词，"小鲁"即是"觉得变小"，"小天下"即是"觉得天下变小"。

（2）吾妻之美我者。（刘向《邹忌讽齐王纳谏》）

——我妻子赞美我。

其中的形容词"美"，用作动词"赞美"。

（二）名词的意动用法

当名词用作动词的时候，表示认为宾语怎么样，或把宾语当作什么。

一般翻译为"把……当作……"

  （3）生乎吾后，其从道也固先乎吾，吾从而师之。（韩愈《师说》）

    ——生在我后面，如果他懂得的道理比我早，我也应该跟

      从他把他当作老师。

其中的名词"师"用作了动词，即"当作老师"。

  （4）孟尝君客我。（《战国策·冯谖客孟尝君》）

    ——孟尝君把我当作客人。

其中的名词"客"用作了动词，即当作客人。

练习

一、根据课文的内容回答问题。

  1.在本课里，孔子认为怎样做才能成为君子？

  2.孔子认为对待知和不知（即对待学问）的态度应该怎样？

  3.孔子认为跟别人在一起做事应该是什么态度？

  4.孔子认为孔文子被叫作"文"的原因是什么？

二、翻译下列句子，并指出加点词语的意思。

1.学而时习之，不亦说乎？

2.人不知而不愠，不亦君子乎？

3.诲女知之乎？

4.知之为知之，不知为不知，是知也。

5.三人行，必有我师。

6.择其善者而从之，其不善者而改之。

7.孔文子何以谓之"文"也？

8.子曰："敏而好学，不耻下问，是以谓之'文'也。"

三、解释下列句子中加点的词语。

1.她俩是大学同学，现在同住在一个小区，因此时不时地见面。

2.老师的谆谆教诲，一直铭记在我心里。

3.公司一般会择优录用新的员工。

4.在时尚方面，人们一般都有从众心理，认为大家都选择的就是时尚的。

5.在足球场上，他奔跑速度快，动作敏捷，让对手毫无办法。

四、解释下列成语中加点词语及整个成语的意思。

1.赏心悦目　　　　　　悦：

2.诲人不倦　　　　　　诲：

3.行色匆匆　　　　　　行：

4.择善而从　　　　　　从：

5.不耻下问　　　　　　　　　耻：

五、根据所学的意动用法翻译下面句子中加点的词语。

1.予（我）怪而问之。（明刘基《卖柑者言》）

2.渔人甚异之。（东晋陶渊明《桃花源记》）

3.甘其食，美其服，安其居，乐其俗。（先秦庄子《庄子·胠箧》）

4.稍稍宾客其父。（宋王安石《伤仲永》）

5.鱼肉百姓。（南朝宋范晔《后汉书·仲长统传》）

6.吾从而师之。（唐韩愈《师说》）

阅读

掩耳盗钟

　　范氏之亡也，百姓有得钟者，欲负而走。则钟大不可负，以锥毁之，钟况然有音。恐人闻之而夺己也，遽掩其耳。恶人闻之，可也；恶己自闻之，悖矣。

——《吕氏春秋·自知》

1.范氏：春秋末期晋国的贵族。

2.亡：逃跑。

3.负：背。

4.走：跑。

5.则：但是。

6.锥：锤子。

7.况然："况地"，形容钟声。"况"读huàng，拟声词。

8.遽：急忙，立即，马上。

9.掩：捂住。

10.恶：读wù，讨厌，不喜欢。

11.悖：读bèi，荒谬。

12.矣：语气词，相当于"了"。

第十四课
狐假虎威

狐假虎威 ①

课文及今译

虎求百兽而食之，得狐②。狐曰："子无敢食我也！③
一只老虎正寻找动物来吃，它抓到了一只狐狸。狐狸说："您不敢吃我！

天帝使我长百兽，今子食我，是逆天帝命也。④
老天爷派我来当动物们的首领，现在您吃我的话，这是违抗老天爷命令的。

子以我为不信，吾为子先行，⑤子随我后，观百兽之见我而
您要是认为我不诚实，我在您前面走，您跟在我后面，看动物们见到我后

敢不走乎？"⑥虎以为然，故遂与之行。⑦ 兽见之皆
敢不逃跑吗？老虎认为有道理，所以就跟在狐狸后面走。动物们看到它们就都

走⑧。虎不知兽畏己而走也，以为畏狐也。⑨
跑了。老虎不知道动物们是害怕自己才逃跑的，以为是怕狐狸。

《战国策·楚策》

175

词语注释

①狐：狐狸。

假：凭借、依靠、借助。[动词]

虎：老虎。

威：威风、威力。

狐假虎威：狐狸借老虎的威力（吓唬其他动物）。

②求：寻找。[动词]

百：表示很多、所有。

兽：野生的动物。

而：连词，连接两个动词，表示这两个动词所表示的动作先后接续。这
种用法叫作顺承。

食：吃。[动词]

之：它（们）。[代词]

得：得到。[动词]

虎求百兽而食之，得狐：一只老虎正寻找动物来吃，它抓到了一只狐狸。

③子：您，对男子尊敬的称呼。

无：否定词。

无敢：不敢。

食：吃。

也：句末语气词。相当于"啊"，也可不翻译。

狐曰：子无敢食我也：狐狸说：您不敢吃我。

④天帝：中国古人认为主宰一切的神。

使：让、派。[动词]

长（zhǎng）：首领。[名词]在这里用作动词，意思是"做首领"。

今：现在。

是：这。[代词]代前面的"食我"这件事。

逆（nì）：违背。[动词]

命：命令。

也：表判断和肯定，相当于"是"。[语气词]

天帝使我长百兽,今子食我,是逆天帝命也：老天爷派我来当动物们
　　　　　　　　　　　　　　　　　　　　的首领，现在您吃我的
　　　　　　　　　　　　　　　　　　　　话，这是违抗老天爷命
　　　　　　　　　　　　　　　　　　　　令的。

⑤以……为（wéi）……：固定结构，相当于"认为……（是）……"。

信：诚实、真实。[形容词]

吾（wú）：我。[代词]

为（wèi）：替。[介词]

先：在前面。[副词]

行：走。[动词]

子以我为不信,吾为子先行：您要是认为我不诚实，我在您前面走。

⑥随：跟在后面。[动词]

观：看。[动词]

之：助词，在主语和谓语中间，使这个句子变成一个词组，作动词"观"
　　的宾语。这种用法叫取消句子独立性。

见：看到。[动词]

而：连词，表示顺承。不用翻译。

走：跑。

乎：用于句尾，表示疑问语气。[语气词]

子随我后,观百兽之见我而敢不走乎：您跟在我后面，看动物们见到我
　　　　　　　　　　　　　　　　　　后敢不逃跑吗？

⑦以为："以（之）为……"的省略，认为（这种说法）……。

然：对，有道理。

故：所以。[连词]

遂：于是，就。[副词]

与：和，跟。[介词]

之：代狐狸。[代词]

行：走。[动词]

虎以为然，故遂与之行：老虎认为有道理，所以就跟在狐狸后面走。

⑧兽：野兽。

见：看到。

之：代词。代狐狸和老虎。

皆：都。[副词]

走：跑。[动词]

兽见之皆走：动物们看到它们都跑了。

⑨畏（wèi）：害怕。[动词]

己：自己。[代词]

也：表判断。相当于"是"。[语气词]

而：连词，表示顺承。相当于"才"。

以为："以（之）为……"的省略，认为（这种情况）……。

虎不知兽畏己而走也，以为畏狐也：老虎不知道动物们是害怕自己
才逃跑的，以为是怕狐狸。

古语今用举例

我们在这一课将会学到现代人常用到的成语"狐假虎威"，同时我
们还会学到一些至今还在使用的古汉语词语，如"以……为……""以
为"、用在主语谓语之间的"之"等。

1."以……为"——把……作为

例（1）EMS拥有航空和陆路运输网络。依托中国邮政航空公
司，建立了以上海为中心（把上海作为中心）的全夜航航空网络……

——《发展汉语·高级阅读》（Ⅰ），第71页

例（2）EMS还具备领先的信息处理能力，建立了以国内300多个城市为核心（把国内300多个城市作为核心）的信息平台……

——《发展汉语·高级阅读》（Ⅰ），第71页

例（3）我国的现代语言学是从引进西方语言学开始的，而西方语言学是以形态语言为基础产生的，根本没有把汉语考虑在内。

——《现代汉语高级教程》下，第148页

2.“以为”——认为

例（1）当一个人专业素养不够的时候，会缺乏足够的判断力，很容易错过眼前事物中的精华，甚至误以为它没什么用，不屑一顾。

——《发展汉语·高级阅读》（Ⅰ），第3页

例（2）看来，我们都应该向罗京学习，遇到疑惑应该查词典，不要自以为是。写文章时用词一定要仔细推敲。

——《发展汉语·高级阅读》（Ⅰ），第13页

3.助词“之”——取消句子独立性

例（1）“若要药，北美花旗参确为上品；若要祛病，我以为当务之急是光吃饭不吃药便病症自去。”先生言之既出连我也惊。

——《现代汉语高级教程》下，第56页

例（2）次日，刘某热之若狂，及至昏谵，再诊则脉沉，察苔焦黑。

——《现代汉语高级教程》下，第59页

例（3）老婆言之谆谆，女儿责之切切，我却戒而又破，破而又戒。

——《现代汉语高级教程》下，第74页

4.“然”——对

例（1）不过，还是有些人对“老公”这个称呼不以为然（不认

为是对的），原因之一是觉得"老公"来自南方，使人想起港台腔的普通话，不如京味儿普通话那么正宗。

——《发展汉语·高级阅读》（Ⅰ），第28页

例（2）如果说，使用笔名便是不负责任的表现，这就不尽然了。

——《现代汉语高级教程》下，第112页

汉字分析

食：古文字𩙿，字形上边是容器盖子，下边像存放稻、麦等主食的容器。本义是主食，后来泛指食物，再后来用作动词，表示"吃"的意思。

长：古文字𠙳，像一个人𠆢头发飘散彡的样子，所以本义是头发飘飘的柱杖老人。后来引申为年老的，年纪大的，如"长老""长兄""长官"等。

见：古文字𧢲，在人的头上突出一只眼睛，表示"看到"的意思。繁体字写成"見"，上面的眼睛用"目"来表示，简化字写成了"见"。

语言知识

一、"以……为（wéi）……"的意思

在古代汉语中，"以……为……"是一个固定结构，在不同的语境中，它的意思不同，翻译成现代汉语也不同，根据"以"的词性，常见的意思有两种：

（一）"以"为介词时，组成介宾词组，表示动词"为"的依据对象，相当于"用……作为……"或"把……作为……"。

作为介词的"以"，它的宾语可以省略，这种格式就紧缩成"……以为……"，意思仍相当于"用……作为……"或"把……作为……"，或"认为"。如本课中的例子：

（1）虎以为然——老虎认为狐狸说得有道理。

（2）虎不知兽畏己而走，以为畏狐也。

    ——老虎不知道百兽害怕自己，认为（百兽）害怕狐狸。

（二）"以"为动词，意思是"认为"，与"为"搭配，表示对人或事的看法或判断，相当于"认为""以为"，本课中的例子：

（3）子以我为不信——您认为我（是）不诚实。

又比如：

（4）二三子以我为隐乎？（《论语·述而》）

    ——学生们，你们以为我有所隐瞒吗？

（5）吾以女为死矣。（《论语·先进》）

    ——我以为你已经死了呢。

（6）老臣以媪为长安君计短也，故以为其爱不若燕后。（《战国策·触龙说太后》）

    ——老臣认为太后为长安君考虑得太短浅了，所以认为你爱他不如爱燕后（深）。

二、介词"为（wèi）"的意思和用法（二）

古代汉语中的"为"有比较多的用法，在不同的语境中所表现出的词性不同，所表达的意义不同，声调也不同，在今后的学习过程中我们将逐一介绍。

在本课中我们介绍"为（wèi）"的介词用法，读第四声。它的意思相当于"替""给""向""对"等。如本课中出现的：

（1）子以我为不信，吾为子先行。

    ——您认为我（是）不诚实（的话），我替您在前面走。

又比如：

（2）秦王为赵王击缶。

    ——秦王敲击瓦罐（打节拍）给赵王听。（《史记·廉颇蔺相如列传》）

（3）不足为外人道也。

——不值得向／对外面的人说。（《桃花源记》）

三、助词"之"用在主语和谓语之间的作用

古代汉语中的"之"有一种用法是放在句子的主谓中间，把这个独立的句子变成了一个短语，成为一个单句的成分，或成为复句中的分句。语法学家把"之"的这个用法叫作"取消句子独立性"。

例如本课课文出现的：

（1）观百兽之见我而敢不走乎？

——看看所有的野兽见到我谁敢不逃跑？

又如：

（2）吾盾之坚，物莫能陷也。

——我的盾非常坚固，（以至于）没有东西能打破。（《韩非子·难一》）

（3）予独爱莲之出淤泥而不染。

——我只喜欢莲花，（是因为）从淤泥里长出来却没有被污染。（《周元公集》）

练习

一、根据课文的内容回答问题。

1.狐狸对老虎说："您不敢吃我"的理由是什么？

2.狐狸为了让老虎相信它，它做了什么？

3.老虎相信了狐狸吗?

二、翻译下列句子,并指出加点词语的意思。

1.虎求百兽而食之。

2.天帝使我长百兽,今子食我,是逆天命也。

3.子以我为不信,吾为子先行。

4.观百兽之见我而敢不走乎?

5.虎以为然。

6.虎不知兽畏己而走也,以为畏狐也。

三、解释下列句子中加点词语的意思。

1.王先生比大家<u>年长</u>，所以请他优先。

2.把父母送进养老院，算不算是<u>大逆不道</u>和不孝顺？

3.我叫他快起床，别迟到了，他却<u>不以为然</u>，继续睡懒觉。

4.人有名，即使不骄傲，别人也有骄傲之感，这也是常事。故我们自己更要谦和有礼!

5.听说要蹦极，我的心里不免<u>畏惧</u>起来。

6.风刮得如此之大，我都快要被吹倒了。

四、解释下列成语中加点词语的意思。

1.教学相长　　　　　长：

2.大逆不道　　　　　逆：

3.不以为然　　　　　然：

4.飞禽走兽　　　　　走：

5.无所畏惧　　　　　畏：

五、根据下面句子的意思，把"为"放在合适的位置。

1.总以为自己是对的，不接受他人意见。

　　　　　　　　　　　　　　　　　　___自___以___是

2.不认为是可耻的。　　　　　　　___不___以___耻

3.常常做或常常见的事，成了习惯，就觉得很平常。

　　　　　　　　　　　　　　　　　　___习___以___常

4.做恶人的帮凶，帮恶人干坏事。　___虎___作___伥

5.替百姓除祸害。　　　　　　　　　___民___除___害

6.各自为自己的主人效力。　　　　___各___其___主

7.甘愿为赏识自己、栽培自己的人献身。

　　　　　　　　　　　　　　　　　　___士___知己者___死

阅读

约不可失

魏文侯与虞人期猎。是日，饮酒乐，天雨。文侯将出，左右曰："今日饮酒乐，天又雨，公将焉之？"文侯曰："吾与虞人期猎，虽乐，岂可不一会期哉！"乃往，身自罢之。

　　　　　　　　　　　　　　　　　　——《魏文侯书》

1.虞人：管理山泽的官。

2.期：约定时间，约会。

3.猎：打猎。

4.是日：这天。

5.左右：身边跟随的人，这里指大臣，手下。

6.公：对诸侯大王的尊称。

7.焉：疑问词，哪里。

8.之：动词，去。

9.吾：我。

10.岂：难道。

11.一：专一。

12.会：会合，聚会。

13.哉：语气词，表示反问。

14.乃：就。

15.往：去（约定的地方）。

16.身：亲自。

17.罢：停止，这里是"取消"的意思。

第十五课
得道者多助

得道者多助

课文及今译

孟子曰：天时 不 如 地 利， 地 利 不 如 人 和①。

孟子说：适宜作战的时机不如有利的地形，有利的地形不如人民之间友好团结。

三 里 之 城， 七 里 之 郭， 环 而 攻 之 而 不 胜②。 夫 环

方圆三里的内城，方圆七里的外城，围起来攻打却不能取胜。包围起来

而 攻 之， 必 有 得 天 时 者 矣③。然而不胜者，

攻打这样的小城，一定是得到了适宜作战的时令、气候。这样却没有胜利，

是 天 时 不 如 地 利 也④。城非不高也，池非不深也⑤，

说明有利的时令、气候不如有利的地理形势。城墙不是不高，护城河不是不深，

兵革非不坚利也，米粟非不多也⑥，委而去之，是 地 利

武器和盔甲不是不坚固锋利，粮食不是不充足，放弃城池而逃跑，这说明有利的地形

不如人和也⑦。故曰，域　民　不　以　封　疆　之　界⑧，

不如人心团结。所以说，要老百姓定居下来，不能用划定疆土的界限来限制，

固国不以山溪之险，威天下不以兵革之利⑨。

巩固国防不能依靠山河的险要，要在天下树立威望，不能靠武力强大。

得　道　者　多　助，失　道　者　寡　助。⑩

明白这个道理的君主，就会有很多人帮助他，不明白的君主，很少有人支持他。

寡　助　之　至，亲　戚　畔　之⑪。　多　助　之　至，

支持帮助他的人少到了极点，连亲属也会背叛他。支持帮助他的人多到了极点，

天　下　顺　之⑫。以　天　下　之　所　顺，　攻

天下所有人都会归顺他。凭借天下都归顺他这样的条件，去攻打

亲　戚　之　所　畔⑬，故　君　子　有　不　战，

那连亲戚都背叛他的君王，因此实施仁政的君主要么不战斗，

战　必　胜　矣⑭。

如果战斗就一定会取得胜利。

《孟子·公孙丑下》

词语注释

①孟子：战国时期的思想家，儒家主要代表之一。

天：天气，这里主要指季节、气候。[名词]

时：时机。这里指适宜作战的季节、气候。[名词]

地：地理、地势。[名词]

利：有利。[形容词]

和：和气，友好，团结。[形容词]

天时不如地利，地利不如人和：适宜作战的时机不如有利的地形，有利的地形不如人民之间友好团结。

②里：长度单位。[量词]

城：内城。[名词]

郭：外城。[名词]

三里之城，七里之郭：方圆三里的内城，方圆七里的外城。

环：包围。[动词]

而：顺承连词。

攻：攻打。[动词]

之：它，代指城郭。[代词]

胜：取胜，胜利。[动词]

环而攻之而不胜：围起来攻打却不能取胜。

③夫：用于句首，表示下文是发表议论。[语气词]

必：一定。[副词]

者：用在动词或动词词组后面，组成"者"字结构，具有名词的性质。

矣：放在句尾，相当于"了"。[语气词]

环而攻之，必有得天时者矣：包围起来攻打这样的小城，一定是得到了适宜作战的时令、气候。

④然：这样。[代词]

而：但是，却。[连词]

者：用在形容词后边，具有名词的性质，相当于"……情况"。[代词]

是：这，代指前面的情况。[代词]

然而不胜者，是天时不如地利也：这样却没有胜利，说明有利的时
令、气候不如有利的地理形势。

⑤城：城墙。[名词]

非：不。[副词]

池：护城河。[名词]

城非不高也，池非不深也：城墙不是不高，护城河不是不深。

⑥兵：武器。[名词]

革：盔甲。[名词]

坚：坚固。[形容词]

利：锋利。[形容词]

粟：读音sù，谷子，去皮以后称为小米。[名词]

米粟：在这里泛指粮食。[名词]

兵革非不坚利也，米粟非不多也：武器和盔甲不是不坚固锋利，粮
食不是不充足。

⑦委：弃，放弃。[动词]

去：离开，这里指逃跑。[动词]

是：这，这样。[代词]

委而去之，是地利不如人和也：放弃城池而逃跑，这说明有利的地
形不如人心团结。

⑧域：限制。[动词]

民：人民。[名词]

以：用。[动词]

封：划定。[动词]

疆：边疆。[名词]

界：界限。[名词]

域民不以封疆之界：要老百姓定居下来，不能用划定疆土的界限来限制。

⑨固：巩固。[动词]

国：这里国防。[名词]

以：依靠、凭借。[动词]

溪：河流。[名词]

险：险要。[形容词]

威：威慑，树立威望。[动词]

天下：国家，世界。[名词]

固国不以山溪之险，威天下不以兵革之利：巩固国防不能依靠山河
的险要，要在天下树立
威望，不能靠武力强大。

⑩得：得到。这里指明白。[动词]

道：道理，正义，这里指对老百姓仁爱。[名词]

者：……的人，这里指君主。[代词]

助：支持，帮助。[动词]

失：失去。[动词]

寡：少。[形容词]

得道者多助，失道者寡助：明白这个道理的君主，就会有很多人帮
助他，不明白的君主，很少有人支持他。

⑪之；达到。[动词]

至：极点。[名词]

亲戚：亲属。[名词]

畔：读音pàn，意思同"叛"，背叛。[动词]

之：他，指不施行仁政的君主。[代词]

寡助之至，亲戚畔之：支持帮助他的人少到了极点，连亲属也会背叛他。

⑫顺：归顺，听从指挥，服从领导。[动词]

多助之至，天下顺之：支持帮助他的人多到了极点，天下所有人都会归顺他。

⑬以：用，凭借。依靠。[动词]

所：放在动词前面，组成名词性词组，表示"……的事"。[代词]

以天下之所顺，攻亲戚之所畔：凭借天下都归顺他这样的条件，去攻打那连亲戚都背叛他的君王。

⑭故：因此。[连词]

君子：这里指实施仁政的君主。

故君子有不战，战必胜矣：因此实施仁政的君主要么不战斗，如果战斗就一定会取得胜利。

古语今用举例

我们在这一课学到了现代人常用到的成语"得道者多助"，同时我们还学到了一些至今还在使用的古汉语词语，如"不如""所"。

1."不如"——不比，比不上

例（1）不过，还是有些人对"老公"这个称呼不以为然（不认为是对的），原因之一是觉得"老公"来自南方，使人想起港台腔的普通话，不如京味儿普通话那么正宗。

——《发展汉语·高级阅读》（Ⅰ）第28页

例（2）俗话说，"好记性不如烂笔头"。

——《发展汉语·高级阅读》（Ⅰ）第32页

2."所+动词"变为名词性结构

例（1）他有着丰富的文化艺术素养，能把一些民间艺术形式为我所用，丰富自己的创作。

——《发展汉语·高级阅读》（Ⅰ）第63页

例（2）"姓"是从居住的村子或者所属的部族（tribe）名称而来。"氏"是从君主所封的地、所赐的爵位、所任的官职而来。

——《发展汉语·高级阅读》（Ⅰ）第85页

例（3）无论您是个人选用、馈赠亲朋，还是员工关怀、客户关怀，我们都回提供优质服务，珍惜所托，犹如亲递。

——《发展汉语·高级阅读》（Ⅰ）第100页

汉字分析

郭：甲骨文🔣，中间部分▢表示城邑，上下两部🔣、🔣表示建在城邑四周外围的保护城邑的塔楼。后来在此基础上加了邑🔣，邑表示有人居住，变成了🔣，再后来写成了"郭"，所以郭的意思是城外围加筑的城墙，即外城。

城：古文字🔣，左边部分🔣（郭，表示护城墙），右边部分🔣（成，表示武力实现霸业），所以城🔣表示用武装保护都邑的围墙。后来也用作名词，表示都市，即内城。

国：古文字金文🔣"或"，像"囗"旁边有"戈"，"囗"表示一个围合起来的领地；"戈"是兵器，表示有士兵拿着武器巡守。后来的小篆🔣，写成"國"，简化作"国"。

语言知识

一、用"不如"的比较句

古代汉语中"不如"是由否定词"不"加上动词"如"构成的，

"如"的意思是"像"/"如同","不如"的意思即是"不及"或"比不上",合起来表示对两个对象的比较。例如本课学到的:

（1）天时不如地利，地利不如人和。

——适宜作战的时机比不上有利的地形，有利的地形比不上人民之间友好团结。

又比如：

（2）吾尝终日而思矣，不如须臾之所学也。（《荀子·劝学》）

——我曾经整天地想，（可是）比不上用一点儿时间来学习得到的东西多。

现代汉语中也保留了"不如"的比较用法，但现代汉语中的"不如"已经凝固成了一个词，不再是两个词的组合。而且除了表示"比不上"的意思外，还增加了一个用法，那就是作连词，连接两件事，表示两件事比较后选择后一件。例如：

（3）论口才，他不如我；论写作我不如他。（比不上）

（4）他的棋艺确实高超，我自愧不如。（比不上）

（5）在亲自去体验之后感觉，真是百闻不如一见。（选择"一见"）

（6）整天东想西想的，不如踏踏实实地找件事情来做。（选择"……做"）

（7）与其犹犹豫豫，不如大胆尝试。（选择"大胆尝试"）

二、"然"的意思和用法

古代汉语中的"然"在使用中用法比较多，常作代词、形容词、连词等。

（一）"然"的形容用法

"然"作形容词的时候，意思是"对""有道理"，常常用在对话中，表示同意或认同。也可以用在一般句子中作谓语，如我们在第十四课学到的：

（1）虎以为然，故遂与之行。

——老虎认为（这种说法）有道理，所以就跟在狐狸后面走。

又比如：

（2）太后曰："然。"（《战国策·赵策四》）

——太后说："对。"

（3）昭阳以为然，解军而归。（《战国策·齐策二》）

——昭阳认为（他说的话）正确，就撤兵回国了。

（二）"然"的代词用法

"然"作代词，表示近指，相当于"这样"的意思，例如：

（4）非独琴若此也，贤者亦然。（《吕氏春秋·孝行览·本味》）

——不只是弹琴像这样，有才能的人也是这样。

（5）虽有槁暴，不复挺者，輮使之然也。（《荀子·劝学》）

——即使被风吹日晒干枯了，（木材）也不会再挺直，是因为经过加工使它成为这样的。

（三）"然"作连词，意思是"但是"。例如：

（6）然不自意能先入关破秦。（《史记·项羽本纪》）

——但是连我自己也没料到竟先攻入关函谷关灭了秦。

三、"然而"的意思和用法

"然而"是由代词"然"和连词"而"构成的，合起来表示"这样却……"，例如我们在本课学到的：

（1）然而不胜者，是天时不如地利也。

——这样却没有胜利，这种情况说明有利的时令、气候不如有利的地理形势。

又如：

（2）以骄主使罢民，然而不亡者，天下少矣。（《吕氏春秋·适威》）

——用骄傲的君主来驱使疲劳的百姓，这样却不灭亡的，天下少有。

四、"所"的用法和作用

"所"字是结构助词，它经常跟动词结合，组成一个有具有名词性质的结构。例如我们在本课学到的：

（1）以天下之所顺，攻亲戚之所畔。

　　——凭借天下都归顺（他）的条件，去攻打那连亲戚都背叛的君王。

又比如：

（2）女亦无所思，女亦无所忆。（《木兰诗》）

　　——姑娘我没有在想什么，也没有在惦记什么。

"所"字也可以跟形容词结合，但是，在这种情况下，形容词已变为名词性质。例如：

（3）莫如以吾所长攻敌所短。（徐珂《冯婉贞》）

　　——不如用我们的长处，攻击敌人的短处。

五、"矣（yǐ）"的意思和用法

"矣"是语气助词，用在句末，相当于现代汉语中的"了"或"啦"。例如：

（1）舟已行矣，而剑不行。（《吕氏春秋·刻舟求剑》）

　　——船已经航行了，但是剑没有行进。

（2）官军至矣！（司马光《李愬雪夜入蔡州》）

　　——官军到了！

练习

一、根据课文的内容回答问题。

　　1.在"天时、地利、人和"中，孟子认为哪一个条件最重要？

2.城池、兵器、粮草条件都很好，为什么还放弃城池而逃跑?

3.孟子认为君主怎么才能得到老百姓的支持?

二、翻译下列句子，并指出加点词语的意思。

1.天时不日地利，地利不如人和。

2.环而攻之而不胜。

3.夫环而攻之，必有得天时者矣。

4.然而不胜者，是天时不如地利也。

5.城非不高，池非不深也。

6.委而去之，是地利不如人和也。

三、解释下列句子中加点词语的意思。

1.北京现在有六条环路。

2.他抱着必胜的决心要把汉语学好。

3.这些年，这个家庭和和美美的，日子过得越来越好，真是"家和万事兴"啊!

4.人类生存依赖大自然，因此环境保护利国利民。

四、解释下列成语中加点词语及整个成语的意思。

1.时来运转　　　　　时:

2.和气生财　　　　　和:

3.智者千虑，必有一失　　　者:　　　　　必:

4.坚不可破　　　　　坚:

五、根据下面句子的意思，把"不如"放在合适的位置。

1.自己感叹，比不上。　　　___自___叹___

2.一代比一代差。　　　　　　＿＿一代＿＿一代＿＿

3.现在不如过去。　　　　　　＿＿今＿＿昔＿＿

4.多动不如静静地等待。　　　＿＿百动＿＿一静＿＿

5.央求别人，不如自己努力。　＿＿求人＿＿求自己＿＿

6.听到一百次不如亲眼看到一次可靠。　＿＿百闻＿＿一见＿＿

阅读

多多益善

上尝从容与信言诸将能不，各有差。上问曰："如我，能将¹几何？"信曰："陛下不过能将十万。"上曰："于君何如？"曰："臣多多益善耳。"上笑曰："多多益善，何为为我禽？"信曰："陛下不能将兵，而善将将，此乃信之所以为陛下禽也。

　　　　　　　　　　　　　——《史记·淮阴侯列传》

1.尝：曾经。

2.言：说，这里是"评价"的意思。

3.诸：各个，各位。

4.不：读fǒu，同"否"，这里表示没有才能。

5.差：读cī，等级，这里表示能力高低。

6.将¹：读jiàng，带领，率领。

7.几何：多少，问数量。

8.过：超过。

9.于：对于。

10.何如：如何，怎么样。

11.益：更，更加。

12.多多益善：越多越好。

13.耳：语气词，表示肯定的语气。

14.何为：为何，为什么。"为"读wèi。

15.为：读wéi，表示被动，相当于"被"。

16.禽：同"擒"，抓住，捉到。

17.乃：就，就是。

18.所以：……的原因。

参 考 答 案

第一课

一、

　　1.因为他听人说：喜鹊的叫声预示着吉利，乌鸦的叫声预示着不吉利。

　　2.父亲说：人的智力比鸟的智力高，人不能够知道吉利还是不吉利，鸟怎么能知道呢？

二、（略）

三、

　　1.打、击打

　　2."言行一致"的意思是：说的和做的完全一样。行：做事。

　　3.吉利的话。

　　4.现在。

　　5.用……来，用拥抱来表示关心和爱护。

　　6.什么，"为何"的意思是："为什么"。

四、

　　1.说的话，"言外之意"的意思是：说的话里暗含着没有直接说出来的意思。

　　2.在，"喜形于色"的意思是：高兴的心情在脸上表现出来。

　　3.用，"以假乱真"的意思是：用假的东西来冒充真的或混杂在真的东西里面。

　　4.响，"鼓乐齐鸣"的意思是：击鼓和奏乐的声音一齐响。形容很热闹。

　　5.打，"击中要害"的意思是：正好打中或打上了重要的或关键

的部位。要害：致命的部位。

6.吉利，"吉祥如意"的意思是：如意称心。多用于祝福他人美满称心。祥：祥瑞。

五、

1.乐于助人	A.说话有信用。
2.急于求成	B.说的话和做的事完全一致。
3.言而有信	C.用应该有的礼节来接待。
4.言行一致	D.用后退的姿态作为进取的手段。
5.以退为进	E.很着急取得成功。
6.以礼相待	F.很高兴地帮助别人。

六、

1.名重于利。　　　　　2.祖国利益高于一切。

3.各科考试成绩不低于80分。　　4.蜀道难，难于上青天。

5.身教重于言教。　　　　6.事实胜于雄辩。

第二课

一、

1.那只兔子跑出来撞到树桩上，结果脖子撞断了就死了。

2.农夫捡到兔子后觉得还会有兔子撞死的情况发生，于是打算继续在树桩那里等着捡兔子。

3.农夫的愿望没有实现，因为兔子撞死是偶然的事情，不可能总发生。

4.那时候治理国家的人想用以前君王的政策来治理当代的老百姓，这跟那个守株待兔的农民一样。

二、　（略）

三、

1.写作的人、读书的人　　　　2.交往/来往/打交道

3.留在/守护　　　　　　　　4.想

5.类型/类别

四、

1.跑，"奔走相告"的意思是：形容人们听到或看到特别使人振奋或担心的事，迅速地奔跑并互相转告。

2.碰、触及、接触，"一触即发"的意思是：原指箭在弦上，张弓待发。比喻事态发展到十分紧张的阶段，稍一触动就会爆发。

3.再次、重新，"失而复得"的意思是：本来已经失去了，而又再次得到。

4.放下，"爱不释手"的意思是：喜欢得舍不得放下。

5.都，"皆大欢喜"的意思是：大家都很满意，很高兴。

五、

1.不欢而散　　　　　　A.看见了，但是当作没看见。

2.视而不见　　　　　　B.一拍桌子，站起来。

3.华而不实　　　　　　C.很不愉快地分手。

4.拍案而起　　　　　　D.只开花，不结果。

（1.不欢而散—C　2.视而不见—A　3.华而不实—D　4.拍案而起—B）

六、

1.我被歌手动听的歌声打动。

2.被生活逼迫，他不得不在课余时间去打工。

3.健康的生活方式，越来越被人们重视。

4.现在的人，多被手机控制。

第三课

一、

1.齐宣王喜欢三百个乐手一起吹奏给他听。

2.齐湣王喜欢乐手一个一个地吹奏给他听。

3.南郭处士在知道齐湣王要一个一个的乐手吹奏给他听后，怕自己是假乐手的事被发现，因此就逃走了。

二、（略）

三、

1.一定、必定，"逢酒必喝"的意思是：如果遇到（碰到）有酒的情况一定会喝。

2.失实的、假的，"陈词滥调"的意思是：陈旧、空泛，不切实际的言论。

3.充当/假冒。

4.用，"绳之以法"的意思是：用法律来制裁那些犯法的人。绳：把人用绳子捆起来。引申为制裁。

5.喜欢做的事。

四、

1.用，"以次充好"的意思是：用有毛病的或质量不那么好的东西充当好的。

2.一定，"言必信，行必果"的意思是：说话一定要讲信用，行动一定要有结果，不能中途放弃。

3.喜欢，"敏而好学"的意思是：聪明又喜欢学习。

4.逃：逃跑。"畏罪潜逃"的意思是犯罪后害怕受到制裁而偷偷逃走。

5.建立、的，"立国之本"的意思是：建立国家或使国家存在下去的根本。

五、

1.代指"别人的嘲讽和嘲笑"。　　2.代指"学习"。

3.代指"这伙拦路抢劫的歹徒"。　　4.代指"这本书"。

第四课

一、

1.是国宝。　　　　　　　　2.是国家的管理人才。

3.是国家可用的人。　　　　4.是国家的祸害妖孽。

二、 （略）

三、

1.本义"器皿"比喻人的才能，"大器晚成"的意思是：比喻能担当重任的人要经过长期的磨炼，成就较晚。

2.说的话，"言之有理"的意思是：文章或言论有道理。

3.行为/行动，"言传身教"的意思是：用语言来传授，用行动来做榜样。言语行为起模范作用。

4.做事情，"一意孤行"的意思是：不听别人的劝告，固执地按照自己的意思来做事。

5.邪恶而迷惑人。"妖言惑众"的意思是：用邪恶的语言来迷惑大众。

四、

1.井底之蛙　　　　　　2.不解之缘

3.敬而远之　　　　　　4.操之过急

五、

1.代指"北京大学"　　　　2.代指"芳官"

3.代指"落水儿童"

六、

1.陈胜是阳城人。

2.鱼是我想要（得到）的。

3.秦国是（像）老虎或狼那样的国家，（很凶恶），不值得相信。（不要相信）

4.刘备是天下十分厉害的人。

第五课

一、

1.人最好的德行应该像水那样的。

2.水善于滋养万物却不与万物相争，水愿意停留在大家都不喜欢的地方而最接近大自然。

3.上善的人善于适应环境，心不浮躁，友善交友，讲信用，善于治理国家，善于发挥才能和把握时机。

二、（略）

三、

1.名词用作动词，得到好处，"损人利己"的意思是：损害别人，使自己得到好处。

2.讨厌，"心生厌恶之情"的意思是：心里产生了非常讨厌的感情。

3.结交、好，"与人为善"的意思是：结交朋友要做好事，要帮助人。

4.行动。

5.最好的。

四、

1.穿衣服、戴帽子，"衣冠禽兽"的意思是：穿着衣服戴着帽子的禽兽。指品德坏，行为像禽兽一样的卑劣的人。

2.击鼓/打鼓，"一鼓作气"的意思是：趁尽头大的时候抓紧做，一口气把事情做完。

3.著名/出名，"山不在高，有仙则名"的意思是：山不是因为高才出名，而是因为有仙人才出名。比喻内容比形式重要。

4.栽种、培养，"十年树木，百年树人"的意思是：比喻小树成为木材需要很长时间，而一个人要成为人才则需要更多的时间。

5.近处/近的地方、远处/远的地方，"舍近求远"的意思是：舍弃近的寻找远的。形容做事走弯路或追求不切实际的东西。

6.适应力强的生物、适应力差的生物，"优胜劣汰"的意思是：在竞争中强的胜出，弱的被淘汰。

7.老人、身体差的人，"老弱病残"的意思是：指年老、体弱、有病或残疾的人。

8.小的事情/情况、大的事情/情况，"以小见大"的意思是：从小的事情可以看出大的情况，或通过一小部分看出整体。

第六课

一、

1.说明任何事情都要亲自去体验，不体验就不知道好不好。

2.教和学是相互促进、共同提高的关系。

二、（略）

三、

1.即使，"虽败犹荣"的意思是：即使失败了，也是很光荣的。

2.吃，"废寝忘食"的意思是：顾不得睡觉，忘记了吃饭。形容专心努力。

3.最，"至爱亲朋"的意思是：最爱的亲戚朋友。

4.道德规范，"尊师重道"的意思是：尊敬授业的人，重视遵守道德规范。

5.满足，"知足常乐"的意思是：知道满足，就总是快乐。

6.自己，"自言自语"的意思是：自己跟自己说话。

7.勉励/劝人努力，"自强不息"的意思是：自己努力向上，不松懈。息：休息，停止。

8.增长，"吃一堑（qiàn），长一智"的意思是：受到一次挫折，便得到一次教训，增长一分才智。（经过失败取得教训）堑：壕沟，比喻困难、挫折。吃：比喻经受。

四、

1.最少。

2.金钱是最重要的。

3.最尊贵的。

4.证据不够。/证据不够充分。

5.早上听到（明白）了一个道理（真理），那么晚上死了也可以（不遗憾）。

6.增加见闻，扩大知识面。

7.美好的客人或尊贵的客人。

五、

1.穿衣服，"少衣多浴"的意思是：少穿衣服多洗澡。

2.吃"，"食不果腹"的意思是：吃不饱肚子。

3.种植，"树之以桑"的意思是：在空地上种植桑树。之：代词，代指空着的土地。以：用。

4.看，"欲穷千里目，更上一层楼"的意思是：如果想把千里的风光景物看够，那就要登上更高的一层城楼。欲：想。穷：全部。楼：城楼。

5.游泳，"假舟楫（zhōují）者，非能水也，而绝江河"的意思是：借助舟船的人，并不能游泳，却可以横渡长江黄河。假：借助。舟：船。楫：桨。舟楫：泛指船只。绝：横渡。

第七课

一、

1.因为当时的晋国和楚国（荆）实力比较强，是大国。

2.犁鉏用委婉的方法给鲁穆公举例分析：假如你一个孩子掉水里了，从遥远的越国借一个人来救孩子，越国的人即使善于游泳，也一定救不了；如果发生了火灾，从遥远的大海取水来救火，海水虽然很多，却也无法扑灭大火。因为太远了，来不及。

3.犁鉏认为齐国就在鲁国旁边，如果鲁国有祸患的话晋国和楚国虽然很强，但都太远了，帮不了鲁国。

二、（略）

三、

1.大家。

2.借，"狐假虎威"的意思是：狐狸借助老虎的威风来吓唬别的动物。这里的意思是小狗借助主人的势力来挑战大狗。

3.掉到水里/淹没在水里。

4.发生火灾。

四、

1.即使，"虽死犹荣"的意思是：即使死了也很光荣。

2.借，"假公济私"的意思是：借助公事的名义，取得私人的利益（好处）。

3.善于，"知人善任"的意思是：了解人并且善于任用人。

4.出错/过失，"酒后失言"的意思是：喝酒以后，说错了话。（酒喝多了以后，不能控制好自己，说了不该说的话）

5.灾祸/灾难，"患难与共"的意思是：一起面对灾祸和困难。同心协力，共同承担危险和困难。

6.代词，"莫名其妙"的意思是：说不出其中的奥妙，表示事情

很奇怪，使人不明白。

五、

1.乌鸦在树上鸣叫。

2.他在北京出生。

3.全国的人都知道事情的真相了。大白：彻底明白，完全清楚。天下：全国。（于：不翻译）

4.（从）心里感到不安定。

5.把教育融入（在）娱乐中，使人在娱乐中受到教育。

6.青是从蓝草中提炼出来的，但颜色比蓝草更深。比喻学生从老师那里学知识，最后学生比老师更厉害。

7.从礼貌的方面考虑，应该先请年长的人坐。

第八课

一、

1.他在他的座位上挂了一个苦胆。

2.因为他要时刻提醒自己不要忘记被吴王打败的耻辱。

3.你忘了在会稽被打败的耻辱了吗？

二、（略）

三、

1.已经，"既成事实"的意思是：已经成为事实，无法改变。

2.放，"置之不理"的意思是：放在一边，不予理睬。形容对某人某事十分冷淡。

3.躺下，"卧虎藏龙"的意思是：比喻隐藏着没有被发现的人才，也指隐藏不露的人才。

4.重复/重叠，"顾虑重重"的意思是：形容顾虑担忧的事极多，很难开始行动。

5.厚重/隆重，比喻对人态度极有礼貌。"厚此薄彼"的意思是：重视或优待一方，轻视或慢待另一方，指对人或事不同等看待。

6.自己/亲自，"身经百战"的意思是：亲身参加过许多战斗，形容经验丰富。

7.穿的衣服和吃的食物，"衣食无忧"的意思是：衣物和食物都充足，不用担心。

8.穿，"衣锦还乡"的意思是：富贵以后穿着华丽的衣服回到故乡。

四、

1.自己亲自去做，才能使穿的吃的丰富充足起来。

2.使天地惊动。形容事件的声势或意义极大。

3.使国家富有，军备强大。

4.使自己在污浊的环境中不被污染，保持美好的品格。

5.使璧玉完好地归还赵国。比喻把原物完好地归还本人。

6.用铜作镜子可以使衣服帽子穿戴端正。

第九课

一、

1.叶公在衣服带钩、酒具、房屋梁柱上都描绘雕饰龙来表示自己喜欢龙。

2.叶公看见真龙的时候吓得转身就跑，像丢了魂一样，脸色大变。

3.叶公喜欢那些像龙那样的东西，不喜欢真的龙。

二、（略）

三、

1.听，"百闻不如一见"的意思是：听别人说一百次不如自己亲自看一下可靠。

2.偷看。

3.放弃/扔下。

4.魂魄都丢掉了，形容极度惊慌。

5.形容心慌意乱，没有主意。

四、

1.喜欢，"好吃懒做"的意思是：喜欢吃，但懒于做事。

2.画，"轻描淡写"的意思是：用浅淡的颜色轻轻描绘。比喻说话写文章时有意对某个问题轻轻带过。

3.雕刻，"雕梁画栋"的意思是：在栋梁上雕刻花纹并加上彩绘。形容房屋华丽的彩绘装饰。

4.跑，"走马观花"的意思是：骑在奔跑的马上看花，比喻粗略地看一下。

5.脸色，"大惊失色"的意思是：形容十分吃惊害怕，脸色都变了。

6.控制，形容心慌意乱，没有主意。

五、

1.全力以赴　　　2.梦寐以求

3.严阵以待　　　4.学以致用

5.无以言表　　　6.以旧换新

第十课

一、

1.他担心可能太晚了。

2.师旷建议他点燃蜡烛来学习。

3.师旷认为：年轻时候学习，犹如初升太阳的光亮；壮年时候学习，犹如中午太阳的光亮；老年了还喜欢学习，就好像点亮蜡烛的光亮，虽然没有青壮年强，但有蜡烛的光亮比在昏暗中行走强。

二、（略）

三、

1.很可能。

2.晚年/老年。

3.耍笑捉弄/拿人开心。

4.年龄小，"少不更事"的意思是：年纪轻，经历的事情不多。

5.暗/昏暗，"愚昧"的意思是：因缺乏知识，愚蠢而不明白事理。

四、

1.想，"随心所欲"的意思是：想做什么就做什么。

2.担心，"争先恐后"的意思是：争着向前，担心落后了。

3.眼睛看不见，"盲人摸象"的意思是：比喻对事物了解不全面，乱加揣测。

4.听，"举世闻名"的意思是：全天下的人都知道了，形容很著名。

5.喜欢，"好逸恶劳"的意思是：喜欢安逸舒适的生活，不喜欢劳动。

6.壮年，"少壮不努力，老大徒伤悲"的意思是：年轻力壮的时候不努力的话，到头发变白成为老人了才来学习，那悲伤难过也没用了。

7.好，"尽善尽美"的意思是：把事情做到完美，没有一点儿缺点。

五、

1.在梦中不知道自己在哪里？

2.为什么不无拘无束地过日子呢？

3.怎么才能得到千万间宽敞高大的房子呢？

4.孩子（有能力了）想赡养父母，可是父母亲在哪里呢？（已经年老去世了）

5.一般人不是圣人和贤人，谁能不犯错误呢？

六、

1.生而知之　　2.君子之交

3.无价之宝　　4.燃眉之急

5.天之骄子　　6.堂而皇之

第十一课

一、

1.曾参的妻子对孩子说：你回去吧，等我买好东西以后回去给你宰一头猪吃。

2.曾参的妻子认为她只不过跟孩子开了一个玩笑，不用当真。

3.曾参认为不能跟孩子开玩笑，因为孩子没有判断力，大人骗他就是在教他骗人，做母亲的骗他，以后他就不相信母亲的话了。

二、（略）

三、

1.市场。

2.跟在后面。

3.回过头看/回想过去。

4.捉/逮。

5.开玩笑，"一时戏言"的意思是：偶然开玩笑的话。

6.欺骗，"童叟无欺"的意思是：既不欺骗小孩也不欺骗老人。

四、

1.跟随，"随风飘荡"的意思是：树叶或花瓣等跟随风的吹动而飘散。

2.小声哭，"泣不成声"的意思是：哭得喉咙哽住，出不来声音。

3.回/回去，"告老还乡"的意思是：年老辞职，回到故乡。

4.同"返"，返回，"返老还童"的意思是：由衰老恢复青春，形容老年人充满了活力。

5.回头看，"左顾右盼"的意思是：向左右两边看。

6.捉，"捕风捉影"的意思是：想抓住风和影子。比喻说话做事用一些似是而非的迹象作根据。

7.开玩笑，"君无戏言"的意思是：言而有信，说到做到。

8.欺骗，"自欺欺人"的意思是：欺骗自己，也欺骗别人。

9.相信/信任，"互信互利"的意思是：互相信任，互相都得到好处。

五、

1.似是而非　　　　2.物是人非
3.似懂非懂　　　　4.非此即彼
5.所答非所问

六、

1.乐而忘返　　　　2.显而易见
3.笑而不语　　　　4.从天而降
5.择善而从

第十二课

一、

1.塞翁认为这不一定是坏事，有可能是好事。

2.塞翁认为这不一定是好事，有可能是坏事。

3.说明坏事可能变成好事，而好事也可能变成坏事。

二、（略）

三、

1.缘故/原因　　　　2.好几天

3.祝贺　　　　　　4.有很多

5.单独

四、

1.老头儿/老爷爷，"塞翁失马"比喻虽然受到暂时的损失，但也许因此得到好处。

2.原因，"无缘无故"的意思是：没有一点原因。

3.丢失，"亡羊补牢"的意思是：丢了羊再去修补羊圈，还不算迟。比喻出了问题以后，赶紧想办法补救，以免再受损失。

4.都，"皆大欢喜"的意思是：大家都很满意、很高兴。

5.幸福，"因祸得福"的意思是：坏事变成了好事。

6.有很多，"学富五车"的意思是：形容读书多，学问大。

五、

1.物以稀为贵。

2.不以物喜。

3.不以己悲。

六、

1.靠近。

2.看重/重视、看轻/不重视。全句的意思是：商人看中金钱利益，对夫妻离别看得很轻。

3.吹绿，全句意思是：温柔的春风又吹绿了大江南岸。

4.远离，全句意思是：君子要远离厨房。因为厨房会有宰杀鸡鸭等动物的事，在厨房待久了会失去同情心，就称不上君子了。

第十三课

一、

1.孔子认为别人不了解自己，但是自己不生气，这就是君子。

2.孔子认为对待知和不知的态度应该是知道就是知道，不知道就是不知道，这样才是真正的智慧。

3.孔子认为跟别人在一起做事，别人说话做事的行为中必定有值得自己学习的地方。应该选择别人的优点来学习，看到别人的缺点，要反省自己有没有相同的问题，如果有，就要改正。

4.孔子解释说：孔文子理解问题快，喜欢学习，不以向比自己差的人请教为耻辱，因此称他为"文"。

二、（略）

三、

1.时常　　　　　　2.教导
3.选择优秀的　　　4.跟随大多数人的行为
5.动作或言行迅速快捷。

四、

1.高兴，"赏心悦目"的意思是：指看到好的事物而心情愉快、高兴。

2.教导，"诲人不倦"的意思是：指教导别人而不知疲倦。

3.走，"形色匆匆"的意思是：行走或出发时表现出急急忙忙的样子。色，表情。

4.跟随，"择善而从"的意思是：选择好的而跟从，或选择好的来学习。

5.羞愧/羞辱，"不耻下问"的意思是：不以向比自己差的人请教为耻辱。

五、

1.我感到很奇怪就问他。

2.渔人感到十分诧异。

3.认为自己简单的饭菜很美味，朴素的衣服很漂亮，简陋的住房很舒适，淳朴的风俗很让人愉快。

4.渐渐地都以宾客的礼节对待他父亲。

5.把老百姓当鱼肉来宰割（以老百姓为鱼肉）。比喻暴力欺凌，任意残害无辜的人。

6.（生在我前面的，他懂的道理也早于我）我跟从他，把他当作老师（以他为师）。

第十四课

一、

1.狐狸的理由是天帝让它当百兽的首领，那么老虎要是吃了它就是违背了天帝的命令。

2.狐狸让老虎跟在它的后面走，看百兽见了它敢有不逃跑的没有。

3.老虎认为狐狸说得有道理，就跟在狐狸后面走，果然百兽看到它们都逃跑了。于是老虎相信了狐狸的话，但老虎不知道百兽是看到它自己才逃跑的。

二、（略）

三、

1.年龄大。

2.违背，"大逆不道"的意思是：违反封建统治、礼教道德。也指叛逆而不符合道德。

3.对/有道理，"不以为然"的意思是：不认为是对的。

4.所以。

5.害怕。

6.取消句子独立性。

四、

1.提高　　　2.违背　　　　3.对/有道理

4.跑　　　5.害怕

五、

1.自以为是　　　2.不以为耻

3.习以为常　　　4.为虎作伥

5.为民除害　　　6.各为其主

7.士为知己者死

第十五课

一、

1."人和"最重要。

2.因为人心不团结。

3.君主要让老百姓定居下来，不要用疆土来限制老百姓的行动，这样天下所有人都归顺他，支持他。

二、（略）

三、

1.绕　　　2.一定

3.和睦　　　4.有利

四、

1.时机，"时来运转"的意思是：时机来了，运气有了好转。

2.态度温和，"和气生财"的意思是做生意时态度温和能多

赚钱。

3.……的人、必：一定，"智者千虑，必有一失"的意思是：即使是聪明有才智的人，在很多次的考虑中，也一定会出现个别错误。

4.坚固/结实，"坚不可摧"的意思是：形容非常坚固，摧毁不了。

五、

1.自叹不如   2.一代不如一代

3.今不如昔   4.百动不如一静

5.求人不如求自己 6.百闻不如一见